Le monde extraordinaire des fées

Anne Gugenheim-Wolff

Le monde extraordinaire des fées

Mythes, contes et sortilèges

ÉDITIONS DE VECCHI
52, RUE MONTMARTRE
75002 - PARIS

Avertissement aux lecteurs

Quand on est tout petit le monde est merveilleux : tous nos besoins sont satisfaits, tous nos désirs sont comblés. Les artisans de ces miracles sont nos parents. Puis on grandit, et nos parents, conscients de leurs pouvoirs limités, appellent les fées à la rescousse pour continuer à nous faire vivre dans un monde merveilleux. Vient le temps du collège, le temps de la raison raisonnante, de la dissertation en trois parties – thèse, antithèse, synthèse –, et les fées disparaissent peu à peu de notre horizon. On dit même qu'elles meurent.

Pour éviter ce désastre que serait la disparition totale des fées, l'auteur et l'éditeur ont décidé de se joindre aux conteurs pour les honorer, les célébrer et faire en sorte qu'elles vivent à nos côtés jusqu'à la fin des temps.

L'auteur

Note de l'éditeur

L'indication du titre d'un conte n'est effectuée en note de bas de page que si celui-ci n'est pas clairement identifiable dans le cours du texte.

Imprimé en Italie

Il était une fois...

... Il était une fois, en temps de Noël, une femme qui vivait avec trois jeunes enfants. L'aîné, un garçon, ne rêvait que de jouets magiques, vous savez, ces jouets que l'on commande à distance. Ces petits bateaux qui traversent tout seuls un grand lac, ces voitures qui savent éviter les obstacles placés devant elles, ces trains rutilants qui tchoutchoutent entre deux mignonnes gares fleuries.

Il passait de longs moments le nez collé aux vitrines de Noël, fasciné par tous ces automates mis en scène dans de minuscules villages aux fenêtres clignotantes, où des singes musiciens jouaient des airs entraînants sur la place du village. Puis, avec un grand soupir, il s'arrachait à sa contemplation, et reprenait le chemin du pauvre logis où son frère et sa toute petite sœur dormaient déjà. Le sommeil leur tenait lieu de souper.

Sa mère l'attendait auprès du foyer vide de cendres. Elle n'était pas trop inquiète, sachant bien que son garçon avait dû s'attarder devant les splendides vitrines de ce temps de Noël. Elle avait le cœur brisé à l'idée que le matin de Noël les souliers des enfants seraient aussi vides que leur estomac.

Car le Père Noël n'était pas une fée. Elle se prit même à penser que c'était une ordure, un sale type qui ne s'intéressait qu'à ceux dont la bourse était bien garnie de pièces d'or.

De grosses larmes glissaient lentement sur ses joues, la colère montait en elle, rosissait son visage, faisait briller ses yeux, et une idée s'imposait. Une fée : mais c'est elle qui serait la fée ! Ses enfants auraient un beau, un vrai Noël, un sapin couvert de jolies boules brillantes, des guirlandes lumineuses de toutes les couleurs et des bonbons et des gâteaux et des joujoux et des habits neufs. Soudain, la vie lui apparut belle et c'est avec un grand sourire qu'elle accueillit son grand petit garçon.

Le lendemain, dès qu'elle le put, elle laissa les petits sous la surveillance de leur aîné à qui elle interdit d'aller se promener dans la ville illuminée. Elle se glissa dans la foule affairée, pénétra dans une de ces cavernes d'Ali Baba et se laissa porter, d'un rayon à l'autre, grappillant ici et là un drôle de vilain petit canard en peluche pour son plus jeune fils, un petit chaperon rouge pour le bébé, un chat botté électronique pour son grand fils.

Elle quitta cette première caverne et recommença son manège dans la suivante, puis dans la suivante, prenant ici des grappes de boules étincelantes, là une belle brioche, ailleurs des mets les plus fins, des oranges, des citrons et des dragées, tant et si bien que son Caddie fut rapidement plein.

Le cœur en fête, elle se hâta pour retrouver ses petits et se vit, telle la marraine de Cendrillon, transformer le pauvre logis en un douillet appartement baigné d'une douce lumière. Au centre de la pièce, une table recouverte d'une nappe tissée d'or croulait sous les bonnes choses et une délicieuse odeur de dinde farcie embaumait.

Las ! Un des gardes postés à l'entrée d'une des cavernes avait remarqué son manège. Sous son uniforme de gardien de la paix, c'était un ogre qui ne prenait plaisir qu'à remplir les prisons de malheureuses gens.

Avec ses collègues ogres, il eut tôt fait de retrouver la pauvre femme et ses enfants et, sans se laisser attendrir par toute cette chair fraîche, il la mit en prison. Je vous laisse imaginer le triste Noël que passèrent les enfants. Il faisait froid dans la maison obscure. Alors le grand petit garçon saisit la boîte d'allumettes et les gratta les unes après les autres. Chaque allumette faisait apparaître une boule d'or, une guirlande d'argent, un foyer rougeoyant, et les petits ouvraient des yeux émerveillés.

Pendant ce temps, la mère, placée en garde à vue, se lamentait, se tordait les bras de douleur, était tout en pleurs. Elle ne cessait de répéter : « Hélas ! que font maintenant mes enfants, mes pauvres enfants ! » Elle le répéta plus de vingt fois.

C'est alors que l'avocat commis d'office l'entendit et lui demanda ce qu'elle avait. La pauvre femme lui raconta en détail tout ce qui s'était passé et comment ses enfants se trouvaient seuls en ce jour de Noël qu'elle avait souhaité si beau. L'avocat était en fait une fée… Et devinez ce qui arriva !

Ce « Il était une fois » nous mobilise soudainement et nous introduit dans un monde très particulier, celui où les rêves se réalisent, où les désirs les plus fous sont exaucés. Il n'est nul besoin de roi, de reine, de sombres forêts, de châteaux magnifiques comme dans les contes de notre enfance pour que nous nous écriions à la lecture d'un fait divers qui se termine bien : « C'est un conte de fée ! » Alors se pose la question : c'est quoi un conte de fée ?

Mise en bouche

Si il n'est pas question dans l'histoire que nous venons de lire d'un roi vieillissant, d'une reine, d'une princesse à marier ; d'un père, d'une mère, d'une ribambelle d'enfants à élever dans le plus grand dénuement ; d'une marâtre qui cherche par tous les moyens à se débarrasser des enfants de son mari... comme dans ces contes que nous connaissons génétiquement, pourrait-on dire, cette histoire présente une même fin heureuse et optimiste : tout se termine bien pour notre héroïne de même que la princesse trouve son Prince charmant et le roi son héritier ; le couple est sauvé par ses enfants et la marâtre punie ou même mise à mort tandis que les enfants martyrisés retrouvent tous leurs droits. Mais avant que se réalisent les désirs et les rêves des héros, qui ont en commun d'être à l'orée de leur vie d'adulte, maintes situations dangereuses et mille écueils, épreuves d'initiation en quelque sorte, devront être surmontés.

Si les contes mettent ainsi en scène l'intelligence, l'astuce, le sens de l'opportunité, le courage du héros, ils semblent cependant laisser une large place au hasard, au Destin, au *fatum*, incarné par des forces mystérieuses, surnaturelles – personnages, animaux ou objets –, qui interviennent à un moment crucial, quand tout semble perdu, et permettent enfin la réalisation du souhait, du rêve ou du projet initial : sortir d'une situation ressentie comme intolérable. Les contes se terminent donc toujours bien.

Ces histoires extraordinaires se déroulent « du temps que les souhaits s'accomplissaient encore » (Grimm, *Le Fourneau*) et les différentes actions ont lieu dans des lieux bien imprécis : un royaume, une grande forêt, un village, un palais ou près d'une fontaine. Ce cadre flou, ces personnages stéréotypés que nous évoquions plus haut, ce temps non précisé, ce « il était une fois » qui, dans la majorité des cas, introduit le récit et enfin l'intervention de ces forces surnaturelles créent une atmosphère mystérieuse, envoûtante. On est dans le conte de fées. Mais, déception : les fées, les fées telles qu'on les imagine avec leur belle robe, leur baguette, leur rayonnement, il y en a peu. Elles se tiennent parfois près d'un berceau, elles apparaissent quelquefois, telle la Vierge, à une pauvre fille. En revanche, les oiseaux et les poissons parlent, les ânes crottent de l'or et les objets les plus insignifiants sont dotés de pouvoirs magiques. Ce monde merveilleux n'a rien de réel, il est purement imaginaire.

Et pourtant les souhaits des héros répondent à des soucis bien réels : manger, trouver un toit, travailler, se marier, assurer sa descendance, s'élever dans la hiérarchie sociale, réparer l'injustice dont ils s'estiment victimes. Or, on ne rêve, on ne souhaite, on ne désire qu'en se référant à ce qu'on connaît, à ce qu'on a vu ou à ce dont on a entendu parler et que l'on peut se représenter, qui signifie quelque chose.

L'univers féerique, qui, de prime abord, semble purement imaginaire, purement compensatoire, met en fait en scène la réalité, une réalité qu'il déforme, enjolive et colorie. Peut-être est-ce pour cela qu'il nous semble si proche et si familier : « Notre aïeule, et les aïeules de nos aïeules... brodaient des images familières, le château et les grosses tours, la chaumière et le champ nourricier, la forêt mystérieuse et les belles dames, les fées tant connues des villageois » (Anatole France, *Le Livre de mon ami*). Partant de cette constatation, les folkloristes en ont conclu que les contes se transmettaient sans grand changement dans une même aire géographique mais qu'ils se transformaient dès qu'ils émigraient pour s'adapter à leur nouveau contexte.

« Disons donc, écrit Italo Calvino dans son introduction aux *Contes italiens*, que ces contes sont italiens dans la mesure où ils sont racontés par le peuple en Italie, dans la mesure où ils sont rentrés dans notre folklore narratif par tradition orale... Et puis, quelle que soit son origine, le conte tend à absorber quelque chose de l'endroit où il est raconté – un paysage, une coutume, une moralité, ou tout simplement un très vague accent, une saveur propre à ce pays. »

En ce qui nous concerne, cette aire géographique correspond aux territoires conquis par Jules César et sur lesquels Rome a imprimé sa culture, c'est-à-dire essentiellement l'Italie, la France, l'Allemagne et l'Angleterre. C'est la raison pour laquelle nous nous sommes limitée à l'étude des contes français, allemands et italiens qui, encore aujourd'hui, dans notre pays, forment notre sens du merveilleux. Mais à l'occasion nous évoquerons des contes différents, plus anciens ou plus lointains, car les frontières ne sont pas étanches lorsqu'il s'agit du merveilleux. Les aventures de Merlin et de la fée Viviane étaient connues sur tout le continent. Et l'Europe découvrit avec émerveillement, au XVIIIe siècle, *Les Mille et Une Nuits* qui lancèrent la mode des turqueries. Enfin, il est important de montrer que de tout temps et partout le conte répond aux mêmes soucis et au même besoin de merveilleux.

Cet univers féerique, que les linguistes, les sociologues, les ethnologues, les psychanalystes ont exploré, étudié, disséqué depuis près de deux siècles, est en fait toujours à découvrir. Ces études ont porté sur toutes les significations possibles de ces récits merveilleux, sur leur morphologie, sur leurs thèmes infiniment répétés. Mais ce monde lui-même se laisse difficilement décrire : on ne le décrit pas, on le ressent.

Dès le XIXe siècle, les illustrateurs ont tenté de le donner à voir. Les uns, tel Gustave Doré, s'inspirent d'un Moyen Âge revu et corrigé par le XIXe siècle et Viollet-le-Duc. D'autres, tel Ivan Bilibine en Russie, puisent leur inspiration dans le répertoire folklorique de leur pays. En Angleterre, c'est une vision préraphaélite du monde féerique que nous donnent des illustrateurs tels Walter Crane ou Arthur Rackham.

Plus proches de nous, les cinéastes ont mis cet univers en images : Walt Disney tout d'abord, avec ses célèbres dessins animés, puis Jean Cocteau ou Jacques Demy pour ne citer que les plus célèbres. Mais même si « l'illustrateur peut reproduire, avec une fidélité plus ou moins grande, sa propre vision de la scène, chacun des individus qui entendront les mêmes mots verra sa propre image qui sera faite de toutes [les images] qui furent pour lui la première matérialisation du mot » (Tolkien).

Ainsi, Blanche-Neige est représentée comme une petite fille endimanchée à la mode des années 1940, comme une jeune fille rêveuse, des fleurs dans les cheveux et entourée d'animaux bondissants, et certaines illustrations nous présentent même une Blanche-Neige blonde alors que le conte nous dit bien que ses cheveux sont aussi noirs que le bois de la fenêtre sur lequel s'était appuyée sa mère !

Or les contes de fées, ou plutôt les contes merveilleux qui se sont transmis oralement de génération en génération, ont été mis en forme et par écrit en Italie au XVIe siècle, et en France au siècle suivant avant que d'autres versions n'en soient recueillies en Allemagne, au XIXe siècle, par les frères Grimm. On peut donc légitimement penser que ces époques ont contribué à la constitution du décor tel qu'il nous est parvenu et que la féerie telle que nous l'imaginons est largement redevable à la civilisation de ces siècles.

Qu'en est-il aujourd'hui où les conditions de vie ont changé ? Les châteaux sont devenus des musées, les paysans ont quitté la campagne, les forêts sont sillonnées par les GR et les contes souvent relégués dans les bibliothèques enfantines. Aurions-nous renoncé à rêver ?

De l'Olympe au pays de la « faérie »

Il est impossible de connaître l'origine des contes puisqu'ils relèvent d'une pratique orale. La seule chose dont on est certain est qu'elle se perd dans la nuit des temps. À dire vrai, la question ne se pose guère avant les frères Grimm.

Les contes se transmettaient alors de génération en génération, chacun, chaque époque y ajoutant sa touche, ainsi que l'écrit Mlle Lhéritier, en 1695 :

Cent fois ma nourrice ou ma mie
M'ont fait ce beau récit le soir près de tisons ;
Je n'y fais qu'ajouter un peu de broderie.

Ils appartiennent tous à un fonds commun universel, ils sont « les coursiers qui relient le présent au passé et qui montrent le chemin que l'on doit parcourir[1] » et que nous allons parcourir en nous limitant aux contes qui ont bercé notre enfance, à nous Occidentaux, et qui font partie de notre inconscient collectif.

Leur côté surnaturel – d'où leur appellation de contes merveilleux – donne à penser qu'ils sont les « résidus », les dernières traces des mythes et des légendes que les Anciens s'étaient construits pour donner un sens au monde qui les entourait et un sens à leur présence dans ce monde.

C'est au XIXe siècle, à la suite des frères Grimm et surtout dans la seconde moitié du siècle avec le développement, entre autres, d'une historiographie moderne, de l'intérêt pour le monde indo-européen, de la volonté de préserver les témoignages des époques précédentes et des

1. Jean Markale, *Contes populaires de toute la France*, Introduction, t. 1.

grandes découvertes archéologiques au Moyen-Orient, que la question de l'origine des contes s'est véritablement posée.

Différentes théories ont été élaborées, discutées, réfutées. Sans entrer et se perdre dans les théories mythique, indianiste, ethnographiste, ritualiste ou autre[2] qui sont affaire de spécialistes, à la simple lecture de grands textes – pour nous Occidentaux, de la Bible, d'Homère –, on a le sentiment que tout devait être, pour les premiers hommes, sujet de questionnement, d'émerveillement et d'épouvante, ainsi que le dit si bien Édouard Brasey.

« Pour l'homme des origines, la nature tout entière était un temple débordant d'enchantements et de sortilèges. Il éprouvait au contact de la nature une sorte de terreur sacrée et d'émerveillement enfantin. »

Comment expliquer la succession des jours et des nuits, des saisons ? Comment expliquer le miracle de la naissance, et que se passe-t-il après la mort ?

Tout était incompréhensible, tout s'imposait à nos ancêtres et pour se protéger de ces forces ressenties comme menaçantes – tels les orages, les tremblements de terre, les pluies diluviennes, les éruptions volcaniques –, pour se les concilier, ils ont établi toutes sortes de rites qui s'adressaient à ces forces anonymes et effrayantes, ou à des représentations de ces forces.

Ainsi le Soleil est-il apparu comme la force toute-puissante et a-t-il rapidement été considéré comme gouvernant toutes les autres ainsi que les saisons : l'aurore et le printemps auxquels certains croient pouvoir associer le Petit Chaperon rouge ou la bonne sœur, la nuit et l'hiver que personnifierait la mauvaise sœur dans les contes de Perrault *Les Fées*, le soleil brûlant de l'été aussi puissant et dangereux que Barbe-Bleue, les étoiles et la Voie lactée que les cailloux du Petit Poucet rappelleraient.

2. La théorie indo-européenne, selon laquelle les contes populaires découlent des mythes solaires nés en Inde, a été établie par Max Müller, professeur de sanscrit à Oxford, en 1856. La théorie indianiste, soutenue en 1859 par Théodore Benfey, fait, elle aussi, référence à l'Inde mais à une période plus tardive. La théorie ethnographique a été présentée en 1873 par Andrew Lang qui voit dans les contes la survivance du culte des animaux et des pratiques magiques. Ce point de vue ethnographique est également, à quelques différences près, celui de deux grands folkloristes français, Arnold van Gennep et Paul Saintyves. Pour ce dernier, les personnages de contes sont le souvenir de tous ceux qui présidaient aux différentes cérémonies rituelles. Enfin le folkloriste russe Vladimir Propp pose l'hypothèse que les mythes sont nés avec la sédentarisation et rendent compte, sans les comprendre, de pratiques rituelles des sociétés très primitives vivant de la cueillette et de la chasse. *Cf.* les ouvrages de ces différents chercheurs et Michèle Simonsen, *Le Conte populaire français*, coll. « Que sais-je ? », PUF, 1981.

Mais peut-être est-ce l'inverse : les premiers hommes ont pu d'abord « personnaliser » ces forces inquiétantes, puis établir des rites pour se les concilier. La plupart des débats entre les chercheurs reposent sur ce problème d'ordre d'apparition des rites.

Mais ils s'accordent tous pour penser, comme Wilhelm Grimm, qu'« il existe des situations qui sont si simples et si naturelles qu'elles se retrouvent partout, de même qu'il existe des pensées qui se présentent d'elles-mêmes[3] ».

Les mythes et les légendes

Les mythes

Les mythes – ces « récits fabuleux, transmis par la tradition, qui mettent en scène des êtres incarnant sous une forme symbolique des forces de la nature, des aspects de la condition humaine » selon *Le Robert* et qui, selon Mircea Eliade, « montrent le sacré qui permet de connaître l'origine des choses » – ont un caractère religieux polythéiste et c'est autour d'eux que se sont formés des groupes humains, embryons des sociétés futures.

Ces mythes « ne font pas seulement partie de la vie en général, ils font partie de l'individu », disait Vladimir Propp, et ils sont toujours là, même si nous ne nous en apercevons pas. Nous y faisons constamment référence : nous parlons d'un dédale, on retrouve Cronos dans les mots chronique, chronologique, les produits aphrodisiaques nous permettent toujours de célébrer le culte d'Aphrodite, Éros vit encore dans les mots érotique, érotisation, érotisme. Et les soldats continuent de défiler d'un air martial sur les Champs de Mars, le dieu de la guerre.

Des expressions telle « une couleur de cuisse de nymphe émue », couleur érotique, nous rappellent que les Anciens grecs pensaient qu'ils partageaient le monde vivant avec ces gracieuses divinités qui incarnaient les eaux, les bois, les montagnes et n'avaient rien à voir avec les nymphettes de notre époque. Quant à Achille, son tendon nous rappelle à tous notre point faible.

3. Cité par Jean Amsler en postface des *Nouveaux Contes* de Grimm, Gallimard, coll. « Folio », 1996.

C'est donc sans aucun étonnement que l'on reçoit les contes. À l'instar de Zeus, qui prend une forme animale pour séduire de jeunes mortelles, les héros de contes peuvent être transformés en mouton, en cygne, en hérisson, en serpent blanc, en grenouille et ne devront qu'à l'amour de retrouver leur forme humaine.

De ces multiples transformations, nous avons gardé le regard d'aigle, la faculté de bavarder comme des pies. Nous sommes des ours mal léchés, des oiseaux de mauvais augure. L'ogre du Petit Poucet aime la chair fraîche et mange les petits enfants, y compris les siens. Mais Cronos, dans les temps mythologiques, fit de même, tant et si bien que sa femme Rhéa lui donna à manger une grosse pierre qu'il prit pour son nouvel enfant, Zeus, lequel eut ainsi la vie sauve. Le Petit Chaperon rouge, dans le conte recueilli par les frères Grimm, retrouve tout naturellement ce subterfuge lorsque, sortie du ventre du loup, elle y place de grosses pierres.

La pomme, cette brave pomme, est elle aussi évocatrice de tout un monde disparu mais bien vivant dans notre inconscient. Cézanne, quand il la peint, pense-t-il à la pomme d'or du jardin des Hespérides ? À celle que Pâris offre à la plus belle des trois déesses, déclenchant ainsi indirectement la guerre de Troie ? À la pomme qu'Ève tend à Adam ? À la belle pomme rouge empoisonnée que sa marâtre offre à Blanche-Neige ? À la pomme que trois princesses dérobent dans le verger de leur père et qui sera cause de leur enfermement au fond d'un puits ? Aux pommes d'or sur lesquelles un roi veille jalousement ? Ou à la pomme de guérison qu'un roi recherche désespérément pour guérir sa fille ?

Il est inutile de multiplier les exemples à l'infini : sous les contes merveilleux on retrouve les mythes, « ces récits qui font revivre une réalité originelle[4] ».

Les légendes

À côté des mythes, les légendes forment également le substrat des contes. Elles sont souvent confondues avec les mythes. Elles en diffèrent en ce que le récit imaginaire part toujours de « faits ou de personnages réels amplifiés et dé-

4. Mircea Eliade, *Aspects du mythe*, Gallimard, coll. « Idées », 1963.

formés par l'imagination », toujours selon *Le Robert*, mais considérés comme véridiques même si des êtres ou des événements surnaturels y interviennent.

Les légendes correspondent à un type de société plus tardive, souvent monothéiste, féodale, selon les termes de Vladimir Propp, d'où s'est dégagé un chef non plus religieux mais temporel. Tel est le cas de la légende arthurienne : le roi Arthur et le cycle de la Table ronde sont des œuvres de pure imagination qui reposent sur une réalité historique : la lutte, dès le IVe siècle de notre ère, des forces « bretonnes » d'origine celte contre les envahisseurs saxons alliés aux Pictes et aux Scots, peuples du Nord des Iles Britanniques. Le roi Arthur a-t-il existé ? On sait seulement qu'au VIe siècle un grand chef breton tint tête aux Saxons et que ce n'est qu'au début du IXe siècle que l'histoire écrite – l'*Historia Britonnum* – mentionne douze victoires remportées par un chef nommé Arthur. La légende du roi Arthur était née, nourrie au fil des ans et des siècles de l'imagination des poètes et des troubadours et de la volonté politique de Henri II Plantagenêt désireux de se trouver une légitimité comme roi d'Angleterre.

Tel est le cas également des légendes fondatrices sur lesquelles maintes familles nobles assirent leur légitimité et leur pouvoir. Mélusine n'a pas plus de réalité que le roi Arthur mais grâce à elle la maison des Lusignan s'installa solidement dans le Poitou.

C'est ainsi que nos traditions, notre inconscient collectif ont intégré les fées, les enchanteurs, les triades de divinités, tout cet imaginaire indo-européen ou méditerranéen très ancien nimbé par les brumes nordiques.

Arthur et ses chevaliers, les fées Morgane, Mélusine, Viviane, l'enchanteur Merlin ont ainsi donné à voir ce surnaturel qui nous entoure.

Les petits chefs de bande qui, par le biais des légendes fondatrices, sont devenus des princes, ont été le modèle du Roi en quête d'un successeur qui débute nos contes.

Les preux chevaliers de la Table ronde, Lancelot en tête, ont inspiré la personne du prince, ce chevalier courtois dont l'amour va réveiller Blanche-Neige ou la Belle au bois dormant.

La quête du Saint-Graal va peu à peu laisser place à la quête de l'or, du pouvoir, de l'amour ou du bonheur, à travers des tâches difficiles que le destin impose au héros pour obtenir la main de la princesse de ses rêves.

Mélusine, grand-mère des Lusignan

Il était une fois une jeune fée, Mélusine, qui ne voulait plus être fée. Elle désirait vivre comme tout le monde, vivre, vieillir et mourir. Ayant déplu à sa mère qui était fée elle aussi, celle-ci l'avait condamnée à devenir serpente tous les samedis, du nombril au bas du corps. Mais, par ailleurs, elle lui avait assuré qu'elle coulerait les jours d'une femme normale et qu'elle aurait des fils de grande valeur si elle trouvait un homme qui accepte de l'épouser, de ne jamais la voir le samedi, de ne jamais chercher à savoir ce qui se passait ce jour-là et de ne jamais parler de ce secret.
Un jour, le comte de Poitiers et son neveu Raymondin qui poursuivaient à cheval un gigantesque sanglier se trouvèrent entraînés au plus profond de la forêt. Pendant la nuit, le sanglier attaqua les deux chasseurs et en se défendant Raymondin tua son oncle, croyant tuer le sanglier. Se rendant compte de son erreur, assommé par le chagrin, il remonta sur son cheval qui le mena à la fontaine de la Soif où trois merveilleuses jeunes filles riaient et dansaient. L'une d'elles, Mélusine évidemment, savait ce qui s'était passé et convainquit Raymondin de l'épouser dès le deuil terminé, car elle seule pouvait l'aider à se sortir de la situation dans laquelle il s'était mis. Elle lui conseilla également d'acheter une peau de cerf, de la découper en une très fine lanière et de demander au nouveau comte de Poitiers « autant de terre que la peau d'un cerf en pourra enclore autour de la fontaine de la Soif ». Le comte de Poitiers, surpris, accéda bien volontiers à cette demande sans réaliser que la peau de cerf ainsi découpée délimitait une terre de plus de deux lieues de circonférence (soit huit kilomètres environ). Raymondin, émerveillé de la sagesse de Mélusine, l'épousa et accepta qu'elle disparaisse le samedi sans chercher à savoir ce qui arrivait ce jour-là. Le lendemain du mariage, Mélusine fit défricher et construire en un rien de temps une forteresse qu'elle baptisa Lusignan et donna une grande fête. L'union de Raymondin et de Mélusine fut heureuse, couronnée par la naissance de dix garçons. Raymondin récupéra des terres bretonnes dont il avait été injustement dépouillé, Mélusine agrandit inlassablement leurs terres et construisit des forteresses et des villes : Melle, Partenay, La Rochelle, Saintes, Talmont parmi les principales. Et tous les samedis elle continua de disparaître. Si bien que des rumeurs commencèrent à courir sur ce qu'on appella ses débauches. N'y tenant plus, Raymondin se précipita un samedi vers l'endroit où il savait

qu'elle se retirait et la vit en femme serpente en train de peigner ses longs cheveux. Il ne dit rien, mais peu à peu le doute s'installa, d'autant que plus ses fils grandissaient, plus ils se montraient cruels envers les humains et les animaux. Et un jour, n'y tenant plus, il traita Mélusine d'« infâme serpente ». Immédiatement elle se transforma en serpente ailée, s'élança dans les airs et disparut à tout jamais. Cette légende a été rapportée par Jean d'Arras, à la fin du XIVe siècle, à la demande de Jean de Berry après que ce dernier eut repris aux Anglais la ville de Lusignan.

Les contes

Il ressort de tout cela que le conte merveilleux qui est parvenu jusqu'à nous n'a pas une origine mais des origines multiples dues aux contextes géographique et historique ; qu'il s'est enrichi au fil des siècles d'éléments et de personnages nouveaux et que les sources du merveilleux, du surnaturel, ont évolué, passant, en Occident, du paganisme au christianisme.

Ainsi retrouve-t-on le miracle de la multiplication des pains dans certains contes, tel celui de Grimm, *L'Eau de la vie* : un jeune prince, soutenu par les nains parce qu'il ne montrait pas d'orgueil, reçoit d'eux un pain magique qu'il offre à un roi dont le peuple souffre de famine et « le pain put nourrir tout le royaume et en chasser la faim ». Au même titre que les danses, les musiques, les chansons, les dictons et autres comptines, les contes font intégralement partie du folklore. Et comme dans l'Antiquité, comme dans le cas des ménestrels, des trouvères, des troubadours qui distraient les nobles hommes et les nobles dames par leurs chants, leurs poésies et leurs récits épiques, cette « pratique sociale [qui a joué] un rôle important de divertissement et de cohésion sociale[5] » était avant tout une affaire d'hommes – militaires, chefs de bande, marins, soldats, artisans, compagnons, journaliers –, diffusée par des hommes qui, chacun, le traitait à sa manière en fonction de leur auditoire. Ce qui explique que les versions d'un même conte sont infinies. Parallèlement et peu à peu, le conte est devenu aussi l'apanage de quelques

5. Michèle Simonsen, *Le Conte populaire français, op. cit.*

vieilles femmes gardiennes de la mémoire… et des petits enfants.

Ce qui est sûr en tout cas, c'est que « jusqu'au XVIe siècle, le mot "conte" désigne un récit fait dans une situation de communication concrète, orale au départ… », et que Perrault se réclame de la tradition orale, précisant, dans un avis de publication de ses *Contes de ma mère l'Oye*, qu'il n'a « rien fait d'autre que de les rapporter naïvement en la manière qu'il les a ouï conter dans son enfance[6] ».

À la fin du XVIIe siècle, en pleine vogue du conte merveilleux, celui-ci sera défini comme une « narration, récit de quelque aventure, soit vraie, soit fabuleuse, soit sérieuse, soit plaisante[7] ».

La diffusion du conte, du conte populaire au conte littéraire

On est frappé de constater qu'en Europe la nécessité de fixer la mémoire des contes, et parmi ceux-ci des contes merveilleux, s'est véritablement imposée peu après la naissance de l'imprimerie.

Certes, de rares textes nous indiquent que les Romains avaient déjà mis par écrit certains contes. Nous savons que la littérature médiévale avait intégré dans ses lais et ses grands romans courtois nombre de thèmes merveilleux : la naissance de Merlin, ses métamorphoses en jeune page, en vieil homme, en cerf ; l'épée magique de Roland ; les fées qui épousent de valeureux chevaliers et qui disparaissent dès que leur statut de fée est dévoilé, etc. Mais c'est tout naturellement en Italie où, depuis Boccace (1313-1375), existait une tradition narrative courte tels la nouvelle ou le conte littéraire que la richesse des contes populaires est reconnue et que se manifeste le désir de les fixer par écrit pour éviter leur disparition. Straparole – Giovanni Francesco Straparola da Caravaggio – publie vers 1550 les *Piacevoli Notti* (*Les Nuits facétieuses*) qui rassemblent soixante-treize contes populaires vénitiens.

6. Cité par Michèle Simonsen, *op. cit.*
7. Définition donnée en 1694 et citée par Michèle Simonsen, *op. cit.*

Plus tard, Gian Battista Basile (1575-1632), écrivain napolitain, fait paraître vers 1625 *Lo Cunto de li cunti* (*Le Conte des contes*), cinquante contes de fées où princes et princesses surmontent maintes épreuves et connaissent un dénouement heureux grâce à l'aide de magiciens, de fées et d'objets magiques. *Les Nuits facétieuses*, traduites en français dès 1560, connaissent un succès incroyable puisque l'on compte déjà onze rééditions françaises en 1615. Dès lors, grâce aux livres de colportage et aux almanachs, le conte sort de ces sphères spécialisées, celle des hommes et celle des vieilles femmes, pour se répandre jusqu'au cœur des villes et de l'aristocratie. La folie des contes de fées, comme on dit alors, touche toutes les couches d'une population très italianisée, nourrie de musique et d'opéra. Mme de Sévigné écrit ainsi que les dames de la cour à Versailles aiment « se faire mitonner », c'est-à-dire se faire raconter des contes de fées[8].

En effet, les deux dernières reines de France, Catherine et Marie de Médicis, italiennes, ont apporté avec elles le goût de l'Italie, du théâtre italien, tout d'improvisation, de mouvement, de situations invraisemblables, et de l'opéra qui apparaît peu après la publication des *Piacevoli Notti*. L'association de la musique et du théâtre n'est pas une nouveauté, elle était courante dans l'Antiquité, pendant le Moyen Âge où se donnaient des mystères – pièces à caractère religieux – sur le parvis des églises. Ce qui est nouveau, c'est la dramatisation de la musique, qui n'est plus là pour mettre en valeur les textes mais pour les commenter, dialoguer avec eux, les accompagner comme les accompagneront très vite les ballets fort prisés en France. Dès 1600, un opéra, au sens où nous l'entendons, a été monté à l'occasion du mariage de Marie de Médicis avec Henri IV et, dès 1637, s'ouvrent partout en Italie et en France des théâtres d'opéra où une foule toujours plus nombreuse et populaire demande et redemande « des machineries compliquées et des dispositifs grandioses par lesquels on simule des naufrages, des éruptions de volcans, des apparitions des dieux sur les nuages, des combats[9] ». Torelli est le grand ordonnateur de ces merveilles techniques et... tellement onéreuses qu'il sera emprisonné à la Bastille.

8. *Cf.* « Il était une fois les contes de fées », exposition de la Bibliothèque nationale de France, mars-juin 2001.
9. Roland de Candé, *Histoire universelle de la musique*, Le Seuil, 1978.

Cette mode de l'Italie ne pouvait que perdurer en France où, depuis 1643, un Italien, Mazarin, est à la tête du royaume. En 1667, pour le mariage de Louis XIV et de l'infante Marie-Thérèse, il commande à Cavalli un opéra, *Ercole Amante*. En 1664, « le roi voulant donner aux Reines et à toute la cour le plaisir de quelques fêtes peu communes dans un lieu orné de tous les agréments qui peuvent faire admirer une maison de campagne, choisit Versailles » qui devient ainsi le centre de la monarchie et surtout le théâtre de fêtes et de divertissements mémorables. Ainsi des fêtes données en 1674 pour célébrer la conquête de la Franche-Comté : « les yeux et l'esprit se trouvèrent surpris par les différentes merveilles dont ils furent charmez », selon Félibien, sieur des Avaux. L'opéra donnait enfin à voir un monde extraordinaire. Tant et si bien que les contes improvisés par les courtisans se déroulent dans des cadres qui doivent largement aux décors d'opéras et aux fêtes versaillaises.

Une fête à Versailles

En juillet 1674, au retour de la conquête de la Franche-Comté, Louis XIV décide de donner un divertissement à la cour et demande à Vigarini de « faire voir des beautés qu'on n'avait pas encore vues ». Les fêtes durèrent six jours pendant lesquels furent représentés *Alceste*, *Le Malade imaginaire*, les *Fêtes de l'Amour et de Bacchus et Iphigénie*. Le cinquième jour un feu d'artifice fut tiré sur le Grand Canal, si magnifique que « tout ce que l'on voyait dans cette grande étendue d'eau de plus de trois cents toises n'était plus du feu, ni de l'air ni de l'eau ». Mais la soirée du sixième jour dépassa en magnificence tout ce qui avait précédé. Le roi et la cour descendirent le Grand Canal illuminé en gondole et arrivèrent ainsi à la grande pièce d'eau du bas où avait été érigée une terrasse soutenue par des colonnes accouplées, en marbres de différentes couleurs. Sur cette terrasse « s'élevait un palais de magnifique structure. Toutes les parties dont il était composé concourraient à représenter un palais de cristal bâti dans l'eau mais avec un tel artifice et d'une si grande richesse qu'il semblait que les figures et les ornements dont il était embelli fussent faits de pierres précieuses, disposées comme dans les ouvrages de mosaïque... Toute la cour fut encore plus surprise qu'elle n'avait été : de si magnifiques ouvrages ne lui paraissaient pas de la main des hommes.

(Félibien, sieur des Avaux et de Javercy, *Les Divertissements de Versailles donnés par le Roy à toute sa cour...*, Paris, 1676.)

Ainsi, dans une lettre à sa fille, Mme de Grignan, Mme de Sévigné cite un conte mitonné par Mme de Coulanges : « Elle nous parla d'une île verte où l'on élevait une princesse plus belle que le jour ; c'étaient les fées qui veillaient sur elle à tout moment. Le prince des délices était son amant. Ils arrivèrent tous deux dans une boule de cristal alors qu'on y pensait le moins. Ce fut un spectacle admirable[10]. »

C'est donc en pleine mode des contes de fées et de l'univers féerique en général, c'est dans ce que l'on pourrait appeler le courant d'une littérature féminine que paraissent, en 1695, les *Contes de ma mère l'Oye,* de Perrault.

Charles Perrault, commis du royaume de France, homme de confiance de Colbert, membre de l'Académie française dès 1671, est l'auteur de très savants ouvrages, repris, en 1697, sous le titre général de *Parallèle des Anciens et des Modernes, où il est traité de l'astronomie, de la géographie, de la navigation, de la guerre, de la philosophie, de la musique et de la médecine*. Il abandonne sa charge en 1683, à la mort de sa femme, pour se consacrer à l'éducation de ses quatre enfants. Son but, en publiant ces contes repris également en 1697 sous le titre *Histoires ou contes du temps passé*, est de leur transmettre toute cette sagesse populaire qu'il a lui-même reçue dans son enfance et peut-être, sans le savoir clairement, de faire œuvre de sauvetage d'un patrimoine, comme l'avaient fait un siècle avant lui Straparole et Basile.

Bien qu'en très petit nombre – on compte trois contes en vers et huit contes en prose – « les contes de Perrault sont la graine qui, en explosant, a donné tout l'imaginaire des XIXe et XXe siècles[11] » et cachent le nombre incroyablement élevé de contes merveilleux qui ont été composés en cette fin du XVIIe siècle à la suite de ceux de Mme d'Aulnoy. La vie de cette femme est aussi romanesque que celle de ses héros.

Née en Normandie, mariée très jeune et mal mariée, elle est condamnée à l'exil après avoir tenté de faire emprisonner son mari. Au terme d'une quinzaine d'années d'errance à travers l'Europe, elle est autorisée à rentrer en France. Elle se fixe à Paris, rue Saint-Benoît, où elle tient un salon littéraire et publie en 1690 son premier conte de

10. Catherine Magnien, introduction aux *Contes* de Charles Perrault.
11. Pierre Gripari, « Charles Perrault », *Europe*, n° 739-740.

fées, *L'Ile de Félicité*, imitée bientôt par Mlle Lhéritier, Mlle de La Force, le chevalier de Mailly. Jusqu'à sa mort, en 1705, elle publie sans discontinuer des contes merveilleux inspirés du folklore normand, mais mis au goût du jour, où elle montre un grand sens de l'observation et beaucoup de finesse psychologique.

Ses contes et ceux de ses amis constituent plus du tiers des quarante et un volumes publiés à Paris entre 1785 et 1789 sous le titre *Le Cabinet des fées*. Cet ouvrage est une compilation des contes de fées et des contes merveilleux connus, assortie de notices biographiques des auteurs et d'un essai sur l'origine des contes. Les quatre derniers volumes de ce *Cabinet des fées* présentent une sélection des contes des *Mille et une Nuits* sous le titre *Les Veillées du sultan Schahriar*. Cette anthologie précède de quelques années le travail des frères Grimm en Allemagne.

Les *Contes de l'enfance et du foyer*

Tandis qu'en France les dames de la noblesse s'efforcent de donner un tour littéraire et idéalisé aux contes, Jacob (1785-1863) et Wilhelm (1786-1859) Grimm, écrivains allemands, linguistes, acteurs convaincus du grand mouvement romantique qui se développe en Allemagne, décident de collecter les contes traditionnels et de les retravailler, inventant une langue « orale-écrite » qui permettrait de « restaurer l'équivalent du cercle conteur/auditeur[12] », et, en 1812, ils publient environ deux cents contes sous le titre *Kinder und Hausmärchen (Contes de l'enfance et du foyer)*.

Mais ils ne s'arrêtent pas là et, pendant plus d'un demi-siècle, ils se livrent à des recherches approfondies sur l'origine des contes, sur les traditions populaires, sur les techniques de collecte des contes, de leur transcription, de leur rédaction. D'une immense érudition, gardiens de la mémoire humaine puisque longtemps responsables des bibliothèques de Cassel puis de Göttingen, ils ont « cherché dans les contes autre chose que les produits naïfs, charmants et un peu simples d'une imagination populaire [...] ils ont mis en lumière l'expérience humaine tout à fait gé-

12. Jean Amsler, postface aux *Nouveaux Contes* de Grimm, *op. cit.*

nérale que le conte, comme le mythe et la légende, est chargé en même temps de voiler et de transmettre[13] ».

Pour ce faire, Wilhelm Grimm indique, en 1856, qu'ils ont compulsé les recueils de Straparole, de Basile, les œuvres de Perrault et de Mme d'Aulnoy, celles, nombreuses, de leurs imitateurs européens, qu'ils les ont confrontés avec des sources indiennes, persanes, grecques et surtout qu'ils ont fait appel à des informateurs-conteurs allemands qui leur ont fourni plus de deux cents contes ayant cours en Allemagne. Cela accrédite leur thèse qui veut que les contes présentent un fonds commun : ils enseignent la nécessité pour tous de passer d'un état à un autre, d'un âge à un autre, de s'insérer dans l'ordre des choses, d'atteindre la pleine maturité dans le respect des rites et des traditions que les fées ou d'autres êtres surnaturels sont chargés de rappeler. Les nombreuses variantes ne sont que le produit du contexte géographique, historique et culturel.

Les enfants et les contes

Tous les auteurs de contes l'ont dit : ils ont été bercés par les contes dans leur enfance. Et le *Dictionnaire de l'Académie* (1694) précise que « le vulgaire appelle conte [...] des fables ridicules telles que sont celles dont les vieilles gens entretiennent et amusent les enfants ». Pourtant, nous venons de le voir, les contes ont été encore longtemps affaire d'adultes et c'est sur l'insistance de leur éditeur que les Grimm ont donné à leur recueil le titre *Contes de l'enfance et du foyer*. Pour eux, les contes, témoignant « du grand drame cosmique que l'homme dès l'enfance de son histoire ne se lasse pas d'imaginer[14] », ne sont pas des ouvrages didactiques exclusivement destinés aux enfants.

C'est au cours du XIXe siècle que les contes de fées sont résolument relégués dans les bibliothèques enfantines. Pour cela, il leur a fallu subir de sévères adaptations. Les textes ont été édulcorés puis peu à peu éliminés au profit des images. Charles Perrault avait déjà fait en sorte que

13. Marthe Robert, préface aux *Contes* de Grimm.
14. *Idem.*

rien d'inconvenant ni d'effrayant ne parvienne aux oreilles délicates des enfants et des dames qui se délectaient de ses contes. Les frères Grimm, eux, n'ont pas escamoté les détails jugés choquants dans leur souci scientifique de retour aux sources du conte et de la poésie populaire. Prenons par exemple l'histoire de *Cendrillon*.

Dans le conte de Perrault, l'histoire se termine bien et de façon très morale : les vilaines sœurs de Cendrillon « se jetèrent à ses pieds pour lui demander pardon de tous les mauvais traitements qu'elles lui avaient fait souffrir » et Cendrillon, généreuse, leur pardonne et « aussi bonne que belle, les fit loger au Palais et les maria dès le jour même à deux grands Seigneurs de la Cour ».

Rien de tel dans le conte rapporté par les Grimm. Tout d'abord l'essayage de la pantoufle « petite, mignonne et tout en or » donne lieu à de véritables séances de torture où le sang coule à flots : la première sœur doit se couper les orteils pour enfiler la pantoufle tandis que la seconde s'ampute d'un morceau de talon.

Mais le plus horrible reste à venir : lorsque les deux sœurs se rendent à l'église pour la célébration des noces de Cendrillon et du Prince, « l'aînée était à leur droite, la cadette à leur gauche ; alors les pigeons leur crevèrent à chacune un œil.

Plus tard au sortir de l'église, l'aînée était à gauche, la cadette à droite. Alors les pigeons leur crevèrent l'autre œil. Et c'est ainsi qu'elles devinrent aveugles pour toute leur vie, en punition de leur méchanceté et de leur fourberie » ! On se croirait dans un film de Hitchcock !

Et que dire du supplice infligé à la marâtre de Blanche-Neige lors du mariage de cette dernière : « Des pantoufles de fer chauffaient sur les charbons ardents.

On les prit avec des tenailles, on les plaça devant elle et elle dut y mettre ses pieds. Et elle dansa jusqu'à ce qu'elle tombât morte sur le sol. » Impossible de raconter de telles horreurs aux petites filles modèles !

Les XIXe et XXe siècles se sont donc livrés à un long travail d'édulcoration, éliminant tout détail jugé choquant, violent, amoral, terrifiant.

Ainsi retravaillés, les contes ont peu à peu perdu leur pouvoir d'éducation à la complexité de la vie et sont devenus des histoires de plus en plus fades, censées distraire les enfants, quand ils n'ont pas été tout simplement réduits à une suite d'images rapidement légendées comme on peut le voir à travers les multiples adaptations du conte de *Blanche-Neige*[15].

Celles que l'on trouve actuellement sont en majorité inspirées par le film de Walt Disney, *Blanche-Neige et les sept nains* (1937). Walt Disney ne se cachait pas d'avoir remanié et coupé la version des Grimm afin de laisser place à sa « propre fantaisie » : les animaux de la forêt sont devenus des personnages à part entière, les bons petits nains de Grimm, rudes et sages travailleurs de la forêt, sont présentés comme de vieux enfants un peu niais, et la présence du prince dès le tout début du film fait du conte une histoire sentimentale à la mode de Hollywood. C'est cette version cinématographique du conte qui, depuis, a servi de modèle à de multiples éditions censées s'adapter aux différents âges de l'enfant.

Et le conte de Grimm, qui compte une dizaine de pages à l'origine, peut passer impunément de quatorze à cent quatre-vingt-deux pages « selon la place prise par l'illustration mais surtout la complaisance mise à s'attarder sur certains détails ».

Il perd ainsi tout son sens, toute la richesse symbolique qui permettait à tout un chacun d'enrichir sa vie intérieure et ne présente plus, comme le précise également Evelyne Cévin, qu'une « évidente mièvrerie, un sentimentalisme assez délirant », qu'un univers de pacotille, alors qu'il « propose une évasion qui renvoie à un monde irréel, imaginaire, présenté comme connu du lecteur et, en conséquence, familier[16] », univers que nous nous proposons de découvrir dans ses dimensions réelle et imaginaire.

15. Evelyne Cévin, « Les Avatars de Blanche-Neige », *Bulletin d'analyses de livres pour enfants*, n° 51.
16. Jean Bessière, commentaire de Grimm, les *Contes merveilleux*, Librairie générale française, 1987.

Des soucis et des hommes

Comme Jean Bessière le dit si justement, « Le conte merveilleux propose une évasion qui renvoie à un monde irréel, imaginaire, présenté comme connu du lecteur et, en conséquence, familier[1]. » Cette familiarité vient de ce que les contes parlent de la réalité quotidienne et d'un cadre de vie universel : la famille, le foyer, la forêt, le château. Rien n'étant véritablement décrit, on peut glisser dans ce cadre toutes les images personnelles que l'on désire. C'est pourquoi les contes parlent à tous, jeunes et moins jeunes, hommes et femmes, riches et pauvres qui y voient comme dans un miroir leurs difficultés, leurs angoisses devant l'inconnu de la vie ; qui y projettent leurs désirs les plus fous ; qui y puisent la conviction que toute existence a un sens pour ceux qui adoptent un comportement conforme à la morale ou qui tout simplement abordent la vie avec la conviction qu'il est possible de venir à bout de toutes les difficultés grâce à l'astuce, à la débrouillardise, ainsi que l'enseigne la morale du *Chat botté :*

Aux jeunes gens, pour l'ordinaire,
L'industrie et le savoir-faire
Valent mieux que les biens acquis.

Les contes tels qu'ils nous sont parvenus et qui alimentent encore notre imaginaire ont été mis par écrit au XVIe siècle par les Italiens, au XVIIe siècle en France par Charles Perrault et ses amies. On peut légitimement penser qu'ils présentent une image assez fidèle du milieu dans lequel ils ont été fixés, c'est-à-dire l'Italie et la France de

1. Jean Bessière, commentaire de Grimm, les *Contes merveilleux*, *op. cit.*

ces Temps modernes et des temps qui les ont précédés. Car il est bien connu que le souvenir des générations passées pèse lourd dans la conscience des vivants, et que, selon les termes de Propp, « ce qui à présent se raconte était autrefois agi, joué ou représenté de façon ou d'autre ». Mais une fois créé, le schéma de départ des contes a toujours emprunté « à la réalité nouvelle, plus tardive, certaines particularités ou traits nouveaux », le conteur l'adaptant en fonction des nouveaux besoins de ses auditeurs.

Les contes témoins de leur temps

Les contes recueillis en Allemagne par Jacob et Wilhelm Grimm confortent cette hypothèse.

En effet, après la révocation de l'édit de Nantes, en 1685, nombre de huguenots français se sont établis en Allemagne, y apportant une culture et un mode de vie rapidement adoptés par les multiples principautés qui se partagent le territoire allemand. Nombreux également sont les écrivains allemands qui s'efforcent de suivre les traces de la littérature française.

C'est parmi les descendants de ces huguenots que les frères Grimm trouvent des informateurs et des conteurs, tels les membres de la famille Hassenpflug et Dorothea Viehmann. Tous les grands contes italiens et français sont ainsi recueillis en Allemagne par les frères Grimm, à peine transformés. Les forêts y sont peut-être plus sombres et, si Peau d'âne est devenue Toutes-Fourrures, si les fées ont revêtu l'aspect de dame Holle, la Belle au bois dormant, Cendrillon, le Petit Poucet et bien d'autres sont passés tels quels dans l'imaginaire allemand.

D'autres encore se sont formés aux dépens de différentes histoires auxquelles ils ont volé la vedette. Tel est le cas de Blanche-Neige qui apparaît pour la première fois chez les frères Grimm, en Allemagne. Et pourtant Blanche-Neige est la jeune sœur de nombreuses héroïnes – la Bretonne Toute-Belle, l'Italienne Lisa[2], la Corse Angiulina et bien d'autres – dont la beauté déclenche la jalousie des marâtres ou des sœurs qui tentent de les faire disparaître.

2. Basile, *La Petite Esclave.*

Toutes, elles proposent à l'héroïne des cadeaux empoisonnés auxquels celle-ci ne sait résister, ce qui provoque sa mort apparente. Toute-Belle reçoit une robe magnifique, Lisa se coiffe avec un peigne empoisonné, Angiulina agrémente sa coiffure de mèches empoisonnées et toutes, y compris Blanche-Neige, retrouvent la vie lorsque le « hasard » les débarrasse du poison. Or, il se trouve qu'à l'époque qui nous intéresse, la fin du XVIe et le début du XVIIe siècle, le thème de l'empoisonneuse est d'actualité partout en France et en Italie. Les procès en sorcellerie se multiplient.

Car pour restaurer sa prééminence menacée par le protestantisme, l'Église s'attaque à la magie traditionnelle, transfère sur les saints guérisseurs les pouvoirs de guérison des sorciers et sorcières, fins connaisseurs des propriétés bienfaisantes des plantes.

Elle s'attache à persuader les fidèles de l'omniprésence du diable, de la collusion entre celui-ci et les sorciers et surtout les sorcières : « J'ai vu le diable en personne avec une tête de feu, dit une petite fille. – Oho ! dit la vieille, ainsi tu as vu la sorcière dans toute sa splendeur[3]. » Présentés « comme une nouvelle Ève offrant à l'homme des pommes vénéneuses », les sorcières et les sorciers voient l'Église engager contre eux une répression qui « entre 1580 et 1630 [fit] infiniment plus de victimes que les massacres réciproques des catholiques et des protestants pendant les conflits religieux[4] ».

Dans certaines provinces, on compte plus de cinq cents bûchers pour les seules années 1609-1610. Cette chasse à la sorcière a lieu dans toute l'Europe où il ne fait pas bon faire montre de quelques dons magiques. Il y a cependant une fascination pour le poison. Les reines Catherine et Marie de Médicis sont soupçonnées d'avoir des empoisonneurs à leur solde, et à la fin du XVIIe siècle quelques grandes dames de la cour utilisent encore le poison.

La marquise de Brinvilliers, en 1676, se débarrasse par ce moyen de son père et de ses deux frères et Mme de Montespan fait parvenir à sa rivale des gants empoisonnés. Rien d'étonnant donc à ce que, submergée par la jalousie, la marâtre de Blanche-Neige finisse par oublier toute prudence et « recoure aux artifices de sorcière qu'elle connaissait bien ».

3. Grimm, *Dame Trude*.
4. Jean Jacquart, « Immobilismes et catastrophes », *Histoire de la France rurale*, t. 2.

On retrouve ainsi dans les contes collectés et publiés par les frères Grimm une influence, un esprit, un climat qui doivent plus à l'Italie et à la France qu'à l'Allemagne. Les descriptions des pauvres gens, des châteaux, d'un mode de vie seigneurial nous permettent d'esquisser les contours réels du cadre dans lequel le conte va se dérouler. Ce mode de vie seigneurial est important car dans nombre de contes tout se termine au château par le mariage d'un roturier avec la belle princesse ou d'un prince avec la bergère inconnue.

Dans les contes merveilleux, le château est la quintessence du désir. Cela n'a rien de surprenant puisque la pratique du contage est aussi bien le fait des classes populaires que des classes aisées ou dirigeantes et que, pour les unes et les autres, le château reste le symbole de la sécurité – au Moyen Âge on trouvait refuge au château fort lors des guerres – et de la réussite matérielle, comme nous dirions aujourd'hui.

Comment ces conteurs populaires ont-ils pu imaginer ces lieux somptueux si éloignés de leur cadre de vie ? Il ne faut pas oublier que les classes populaires sont alors plus au contact des classes fortunées qu'elles ne le sont aujourd'hui. Tailleurs de pierre, maçons, menuisiers, charpentiers, jardiniers – quatre cents jardiniers entretenaient le parc de Versailles –, hommes de peine, valets d'écurie, domestiques, cuisiniers, servantes, nourrices, soubrettes : on peut les imaginer rentrer chez eux de temps à autre – ou bien obligés par l'âge d'aller mourir auprès des leurs – et parler de ce qu'ils ont vu, de ceux pour qui ils ont travaillé, d'un mode de vie inimaginable pour tous les leurs, ces paysans qui vivent dans des maisons de torchis, au sol de terre battue, où l'éclairage est inexistant.

On leur parle de tapis, de milliers de bougies qui se reflètent dans des miroirs, de grands seigneurs et de grandes dames vêtus de brocart, de velours, eux qui, la plupart du temps, vivent en haillons. On leur parle de festins plantureux, de mets délicats, de rôts, de dragées alors qu'ils meurent de faim à longueur de vie.

On leur parle d'un monde fabuleux qu'ils ne peuvent imaginer qu'à partir de ce qu'ils entendent dire par ceux qui, de près ou de loin, ont approché ce monde et en font une description si émerveillée qu'elle focalise tous les désirs et les espérances des auditeurs. Et puis le théâtre, théâtre de foire ou théâtre ambulant, comme l'avait été celui de Molière à ses débuts, popularise également jusqu'au fond des provinces les modes et les manières des grands. De même que les « entrées » du roi dans ses bonnes villes, mises en scène avec une splendeur incroyable, parachèvent le caractère surnaturel du mode de vie des classes supérieures. Mme d'Aulnoy s'en fait le témoin quand elle décrit l'entrée de Fanfarinet qui vient demander la main de la princesse Printanière pour le compte de son prince : « Il était monté sur un cheval blanc qui dansait au son des trompettes et qui sautait à merveille ; six joueurs de flûte allaient devant : ils jouaient les plus beaux airs d'opéra et six hautbois répondaient par échos ; puis les trompettes et les timbales faisaient grand bruit. Fanfarinet avait un habit tout en broderies de perles, des bottes d'or, des plumes incarnates, des rubans partout, et tant de diamants que le soleil brillait moins que lui. »

Les classes supérieures ne sont d'ailleurs pas moins fascinées par ces merveilles : le jeune Louis XIV embastilla le surintendant Fouquet par jalousie, car son château de Vaux-le-Vicomte dépassait en merveilleux tout ce qui existait jusqu'alors et, à côté, le Louvre royal faisait figure de vieille baraque.

La famille

La première chose que nous apprennent les contes, c'est l'importance de la famille dans les Temps modernes. On est en présence non d'une famille élargie, comme on le pense communément, mais d'un noyau familial constitué par le père, la mère et les enfants.

Ce modèle est courant aux XVIIe et XVIIIe siècles, comme le confirment nombre de maisons paysannes de cette époque qui ne comportaient qu'une seule pièce, parfois partagée avec les bêtes. Le conte se fait le témoin de ce noyau familial par cette simple mention qui débute le récit :

« Dans les temps très anciens, alors qu'il pouvait encore être utile de faire des vœux, vivait un roi dont toutes les filles étaient belles » (Grimm, *Le Roi Grenouille*) ; « Il était un homme et une femme qui, depuis longtemps, souhaitaient en vain avoir un enfant » (Grimm, *Raiponce*) ; « À l'orée d'une grande forêt vivait un pauvre bûcheron, sa femme et ses deux enfants » (Grimm, *Jeannot et Margot*) ; « Il était une fois un Roi et une Reine, qui étaient si fâchés de n'avoir point d'enfants, si fâchés qu'on ne saurait dire » (Perrault, *La Belle au bois dormant*) ; « Un meunier ne laissa pour tout bien à trois enfants qu'il avait que son moulin, son âne et son chat » (Perrault, *Le Chat botté*). Les contes de Mme d'Aulnoy débutent de manière obsessionnelle : « Il était une fois un roi, qui, pour se consoler d'un long veuvage, épousa une belle princesse [...]. » « Il était une fois un roi qui craignait pour la reine et, la voyant grosse, il la pria de se retirer dans un château qu'il avait fait fortifier [...]. » « Il était une fois un roi et une reine qui s'aimaient si chèrement [...]. » « Il était une fois un roi et une reine qui vivaient dans une grande tristesse, parce qu'ils n'avaient point d'enfants... »[5].

Ce noyau familial se retrouve même sous la mer où « le roi de la mer veuf depuis bien des années, c'est sa vieille mère qui tenait sa maison [...] elle méritait de grandes louanges, en particulier parce qu'elle aimait tant les petites princesses de la mer, les filles de son fils » (Andersen, *La Petite Sirène*).

Le père

Même si nous savons que l'Allemagne et l'Italie des Temps modernes étaient divisées en de multiples principautés, nous devons nous rappeler qu'à l'époque où les contes furent fixés les nobles français étaient peu à peu mis au pas par la royauté et n'étaient plus que de simples vassaux, sans aucun pouvoir, et que leur fortune dépendait presque entièrement de la volonté royale. Le Roi des contes n'est donc qu'une personne qui exerce son ascendant sur son entourage immédiat, et tout d'abord sur sa famille.

C'est un *pater familias* qui règne sur sa femme, sur ses enfants ; sur une communauté paysanne ou domestique si ses moyens le lui permettent. C'est à lui que l'on a recours en cas de conflit puisque son rôle est de faire régner l'ordre au sein de la communauté, grande ou petite, qui se réclame de lui.

C'est lui qui en organise la vie. C'est le gardien du patrimoine. Mme de Maintenon ne disait-elle pas aux jeunes

5. Mme d'Aulnoy, *La Princesse Carpillon, La Grenouille bienfaisante, Le Pigeon et la Colombe, Le Prince Marcassin.*

filles de Saint-Cyr : « Vous aurez, Mademoiselle, votre mari à ménager et alors vous aurez un maître. Vous lui déplairez peut-être ; et peut-être qu'il vous déplaira ; il est presque impossible que vos goûts soient pareils : il peut être d'humeur à vous ruiner, il peut être avare et tout vous refuser[6] »...

Ce père tout-puissant qui a droit de vie et de mort sur sa maisonnée, c'est Barbe-bleue qui séduit les jeunes filles peu fortunées en leur faisant miroiter une vie de rêve – « Ce n'était que promenades, que parties de chasse et de pêche, que danses et festins, que collations » – pour mieux assouvir sa perversité en les tuant par la suite : « Il faut mourir, Madame, et tout à l'heure. – Puisqu'il faut mourir répondit-elle, en le regardant les yeux baignés de larmes, donnez-moi un peu de temps pour prier Dieu. – Je vous donne un demi-quart d'heure, reprit Barbe-Bleue, mais pas un moment davantage. »

Ce Roi, ce père, est cependant rarement le tyran domestique qu'évoque Mme de Maintenon, le monstre que Barbe-Bleue incarne. C'est en général un père sévère qui veille à l'honneur de sa maison.

Ainsi, dans le conte de Grimm *Le Roi Grenouille*, voyons-nous le père de la princesse obliger celle-ci à tenir la promesse qu'elle a faite à la grenouille : « Tu n'as pas le droit de mépriser celle qui t'a aidée quand tu étais dans le chagrin. »

Et, dans le conte du *Dauphin* de Mme d'Aulnoy, le Roi est prêt à sacrifier sa fille Livorette au nom de l'honneur familial car elle vient de mettre au monde « le plus beau marmot qui ait jamais été. D'où venait cet enfant ? Qui en était le père ? Personne ne pouvait le dire... Il prit la résolution de la faire jeter avec son fils du haut d'une montagne dans un précipice tout hérissé de pointes de rochers... Il fallait du sang pour laver une tache si honteuse dans leur maison. »

Le Roi est attentif et soucieux du bien-être des siens, de leur avenir. On voit un père qui se désole de la sottise de son fils et l'envoie successivement chez trois maîtres pour tenter de lui faire apprendre quelque chose ; un autre qui, n'ayant pour toute fortune qu'une petite maison, ne supporte pas l'idée de léser deux de ses enfants s'il donnait la maison au troisième car « il les aimait l'un autant que

6. Mme de Maintenon, *Conversation sur la contrainte inévitable de tous les états.*

l'autre[7] ». C'est le père du Petit Poucet qui, accablé par la misère, est contraint malgré lui d'abandonner ses enfants dans la forêt à leur sort.

Il y a beaucoup de tendresse et d'amour dans les contes, malgré la dureté de la vie. Le Roi, le père, est bien souvent très heureux et très amoureux de sa femme la Reine, tel le père de Peau d'Âne

Qu'il était encor avec elle [la Reine]
Moins heureux Roi qu'heureux époux.
De leur tendre et chaste Hyménée...

On peut citer également « un homme riche qui avait une belle pieuse femme et tous deux s'aimaient fort ». Ou ce couple qui connaît des revers de fortune, perd une fillette, se retrouve néanmoins pauvre et heureux avec leurs deux autres filles jusqu'au moment où, au comble de la joie, il retrouve par miracle leur enfant perdue et « la serrent dans leurs bras et l'y retinrent longtemps sans pouvoir prononcer une parole[8] ». Et, lorsque les protagonistes se retrouvent à la fin du conte, on nous dit qu'« ils vécurent encore longtemps gais et contents », que « l'amoureux roi attacha sa destinée à celle de sa maîtresse ; et cette charmante aventure a passé de siècle en siècle jusqu'au nôtre », que « c'en était fini des soucis. Ils vécurent heureux tous ensemble[9] ».

La mère et la marâtre

Mais ce bonheur est fragile. Les Reines, les mères donc, mouraient fréquemment et le père se retrouvait seul, obligé de se remarier. Ces situations étaient bien réelles dans la société des Temps modernes : une femme devait être particulièrement solide pour survivre à une maternité, car le manque de soins, le manque d'hygiène tuaient à coup sûr la majorité d'entre elles.

Le remariage du père était donc monnaie courante. Molière s'en était fait le témoin dans ses comédies, mettant en scène un barbon désirant épouser une très jeune

7. Grimm, *Les Trois Langages* ; *Les Trois Frères*.
8. Mme d'Aulnoy, *La Princesse Carpillon*.
9. Grimm, *Raiponce* ; Mme d'Aulnoy, *Belle-Belle ou le chevalier Fortuné* ; Grimm, *Jeannot et Margot*.

fille. Les contes, eux, mettent l'accent sur la marâtre qui n'a de cesse que d'humilier les enfants de son mari.

Ainsi Blanche-Neige, Cendrillon, pour ne citer que les plus célèbres, sont-elles les souffre-douleur de la nouvelle reine, de leur marâtre, qui les charge « des plus viles occupations de la maison », les loge dans le coin le plus inconfortable de la demeure quand elle ne les envoie pas tout simplement à la mort.

Dans cette situation, la mère représente alors pour ces enfants ainsi maltraités la « bonne mère », la mère rêvée, idéalisée, qui fait encore mieux ressortir le caractère odieux de la marâtre : « Il était une fois un gentilhomme qui épousa en secondes noces une femme, la plus hautaine et la plus fière qu'on eût jamais vue. Elle avait deux filles de son humeur, et qui lui ressemblaient en toutes choses. Le mari avait de son côté une jeune fille d'une douceur et d'une bonté sans exemple ; elle tenait cela de sa mère qui était la meilleure personne du monde[10]. » Et Frérot incite Sœurette à quitter le foyer familial car, dit-il, « depuis que notre mère est morte, nous ne connaissons plus que le malheur. Notre belle-mère nous bat tous les jours et quand nous voulons nous approcher d'elle elle nous chasse à coups de pied... Si notre mère savait cela[11] ! »

Du fait des différences d'âge dans les couples, la marâtre finit par se retrouver veuve, seule avec ses enfants, ses filles en général ou plutôt sa fille et la fille de son défunt mari. Et le conte témoigne alors d'une grande finesse psychologique, montrant la différence de comportement de la veuve envers les jeunes filles : elle idolâtre sa propre fille qui lui ressemble souvent et manifeste « une aversion effroyable pour la cadette... qui était le vrai portrait de son père pour la douceur et l'honnêteté[12] ».

La descendance

Bien que le conte ouvre sur lui, le Roi, le père, n'en est pas le héros. Il n'est que le faire-valoir de ses enfants ou plutôt de l'un de ses enfants, souvent le plus jeune ou le moins bien loti en apparence. Qu'ils soient filles ou garçons, les

10. Perrault, *Cendrillon ou la petite pantoufle de verre.*
11. Grimm, *Frérot et Sœurette.*
12. Perrault, *Les Fées.* Voir aussi Grimm, *Dame Holle.*

contes ne nous disent pas grand-chose de ces enfants. À peine mentionnent-ils un nom de temps à autre ou plutôt un surnom : le Petit Chaperon rouge, Raiponce, Cendrillon, Tom Pouce, Blanche-Neige, Hans-mon-Hérisson, Riquet à la houppe, Belle, Laideronnette, Charmant ; on ne connaît d'eux que les circonstances de leur naissance quand celle-ci a quelque chose de miraculeux ou d'anormal : les fées qui jettent un mauvais sort, un vœu exaucé (« Je veux un enfant, j'en veux un, même si ce doit être un hérisson »), tandis qu'une mère italienne supplie « Ô mon Dieu. Faites-moi mettre quelque chose au monde, n'importe quoi, même un rameau de myrte[13] ». Il est rare que leur âge soit indiqué – Raiponce est enfermée dans une haute tour à douze ans, Blanche-Neige a dix-sept ans, le Petit Poucet et ses frères ont entre sept et dix ans –, mais, comme les contes mettent en scène des jeunes qui travaillent – ils sont bergers ou bergères, tailleurs, pêcheurs, musiciens, compagnons en cours d'apprentissage, princes en âge de chasser –, que le sang coule souvent d'une légère blessure dans les contes où le héros est une héroïne et qu'ils se terminent en général par un mariage, on peut penser sans se tromper qu'il s'agit d'adolescents ou plutôt de jeunes adultes.

Nous ne sommes guère plus renseignés sur leur physique. Le conte les présente de façon manichéenne : les jeunes filles incroyablement belles et douces sont « d'un éclat resplendissant » telle la Belle au bois dormant, « plus rose et plus belle qu'une églantine fraîche dans son buisson », telle la jeune fileuse du conte de Grimm *Fuseau, navette et aiguille*. Ou bien désagréables et orgueilleuses, elles sont d'une laideur repoussante.

Quant aux princes, on ne les « voit » que lorsqu'ils se dépouillent de leur apparence animale. Ils sont alors d'une « beauté charmante », « plus beaux que l'Amour ». Ils ont la faculté incroyable de tomber amoureux de la première belle personne qu'ils croisent. Les héros de Grimm qui, eux, se recrutent plutôt parmi les petites gens sont souvent qualifiés de niais afin de mieux faire ressortir les qualités d'intelligence et de débrouillardise dont ils feront preuve par la suite.

Mais qu'importent ces imprécisions : le propos du conte n'est pas de s'attarder sur les personnages mais sur ce qui

13. Basile, *La Branche de myrte*.

a toujours préoccupé les familles au plus haut point : le problème de la succession et de la transmission d'un patrimoine, qu'il soit important ou modeste. « Il faut que vous sachiez, gentille Grenouille, que les rois ne font pas toujours ce qu'ils veulent : il y a neuf ans que mes sujets me pressent de me remarier ; je leur dois des héritiers », fait dire Mme d'Aulnoy au roi dont la reine est prisonnière de la fée Lionne. Perrault nous présente également un peuple qui convie son prince à se marier pour « s'assurer d'un successeur/Qui les gouverne un jour avec même douceur[14] ».

Dans l'Europe des Temps modernes, où l'héritage va en règle générale à un fils – selon les régions, il s'agit du fils aîné ou d'un fils désigné par le père –, le problème est pour les parents d'assurer leur descendance – d'où les lamentations du couple qui n'a pas d'enfant –, puis de choisir celui qui gérera au mieux le patrimoine.

Et lorsque le couple n'a qu'une fille le problème est de lui trouver un époux sage dont le courage et la valeur puissent faire oublier qu'« il n'est pas de naissance convenable ». Et pour préserver le patrimoine qu'elle représente – ou qu'elle menace, car souvent la fille du couple royal représente une menace pour ses frères – on la cloître, à la puberté, dans un donjon. « Le roi fit bâtir une tour couverte où il n'y avait point de fenêtre ; on y arrivait par une voûte qui allait une lieue sous terre. Il y avait de vingt pas en vingt pas de grosses portes qui fermaient bien et des gardes partout[15]. » Dans la réalité on la cloîtrait tout simplement dans un couvent.

Ce sort est réservé à nombre de princesses parmi lesquelles la princesse Rosette et la princesse Constancia. Quand on lit les contes dans cette optique, on s'aperçoit que tous ceux qui mettent en scène des parents face à de jeunes adultes posent ce problème de la transmission, même et y compris les bluettes de Mme d'Aulnoy. Ainsi le roi Sublime décide-t-il, après maintes hésitations, de donner sa fille au jeune berger qu'il a élevé et dont il a pu mesurer les qualités ; et le père de la princesse Moufette voit dans le prince Moufy le gendre idéal dont les biens et les grandes qualités assureront la pérennité de son royaume[16]. Grimm nous dit qu'un petit tailleur reçut d'un roi sa fille et la moitié de son royaume parce que, grâce à son astuce, il

14. Perrault, *Grisélidis.*
15. Mme d'Aulnoy, *La Princesse Printanière.*
16. Mme d'Aulnoy, *La Princesse Carpillon, La Grenouille bienfaisante.*

s'était montré un foudre de guerre capable de débarrasser le royaume de ses ennemis.

Mais le choix de l'héritier met des fratries en rivalité et impose de lourdes épreuves au héros. Ainsi voit-on qu'un « Roi, en vieillissant, sentant ses forces décliner et songeant à sa mort, ne savait pas auquel de ses trois fils il devait laisser le royaume en héritage. Il leur dit à chacun : "Partez, et celui de vous trois qui me rapportera le plus fin tapis, ce sera lui le roi après ma mort" », ou que deux frères assoiffés de vengeance complotent contre leur cadet : « C'est lui, notre cadet, qui a trouvé l'Eau de la vie, se dirent-ils l'un à l'autre ; aussi notre père va-t-il lui donner le royaume en récompense, alors qu'il nous revient de droit et ainsi serons-nous lésés dans notre bonheur[17] ! »

Un meunier tente un partage entre ses fils : l'un reçoit le moulin, le deuxième l'âne tandis que le troisième doit se contenter du chat et se lamente : « Mes frères pourront gagner leur vie honnêtement en se mettant ensemble ; pour moi, lorsque j'aurai mangé mon chat et que je me serai fait un manchon de sa peau, il faudra que je meure de faim[18]. » Discrètement, Perrault fait ainsi allusion à tous ceux qui ne recevaient rien et qui venaient grossir la classe des pauvres.

Les riches et les pauvres

Les contes mettent ainsi en scène la dualité de la société : « Je ne suis pas de votre monde, dit Étiennette à Marcel, vous êtes citoyen de Padoue et je suis paysanne des champs ; vous êtes grand seigneur et je suis au travail... Vous êtes bien mis avec un pourpoint brodé et des chausses découpées bordées de velours et de soie, et j'ai une pauvre cotte décousue et rapiécée, je n'ai rien d'autre au monde que ces pauvres nippes que vous voyez sur moi... Vous mangez du pain de froment et moi de mil, de fèves et encore n'ai-je pas mon saoul[19]. »

Tout italienne qu'elle soit, Étiennette n'est-elle pas une de ces paysannes immortalisées par les frères Le Nain ?

17. Grimm, *Les Trois Plumes*, *L'Eau de la vie*.
18. Perrault, *Le Chat botté*.
19. Straparole, *Les Nuits facétieuses*, cinquième nuit.

Dans toute l'Europe, une masse de pauvres, paysans pour la plupart, riches de quelques moutons ou d'une vache, comme le soulignent bien les contes, regarde avec envie une minorité de riches, nobles en France et en Allemagne, marchands tout occupés de la prospérité de leurs affaires, en Italie : « En la noble cité de Florence vivait jadis un riche marchand nommé Ortodose Siméon... Las de garder sa boutique et désireux de faire fructifier sa marchandise, il voulut tenter fortune. Il prit la route des Flandres[20] » ; « À Gênes, ville renommée et fort marchande, demeure un nommé Bernard, de la famille des Fulgose, homme cupide et fort adonné à l'usure et aux contrats illicites[21]... »

Cette dualité de la société est bien réelle tout au long des Temps modernes, ainsi qu'en témoigne La Bruyère : « L'on voit certains animaux farouches, des mâles comme des femelles, répandus dans la campagne, noirs, livides et tout brûlés de soleil, attachés à la terre qu'ils fouillent et qu'ils remuent avec une opiniâtreté invincible ; ils ont comme une voix articulée, et, quand ils se lèvent sur leurs pieds, ils montrent une face humaine et en effet ils sont des hommes. »

L'adjectif « pauvre » revient comme une litanie dans les contes de Grimm : c'est un pauvre bûcheron qui envoie son fils « apprendre un honnête savoir », des soldats qui se retrouvent seuls avec leurs fusils pour tout bien, des compagnons qui ne trouvent plus de travail, une veuve et sa fillette qui n'ont plus rien à manger, un couple de paysans si pauvres qu'ils ne peuvent trouver de parrain pour leur fils, un père qui est obligé de se séparer de ses quatre fils et de les envoyer sur les routes afin d'apprendre quelque métier qui leur permette de se tirer d'affaire, « trois frères qui étaient devenus si pauvres, mais si pauvres qu'ils souffraient de la faim et que dans leur misère, ils n'avaient plus rien à se mettre sous la dent, pas même une miette de pain. "Cela ne peut pas durer, dirent-ils : il vaut mieux que nous partions dans le monde y chercher notre chance"[22] ». Cette litanie reflète fidèlement la paupérisation qui gagne les campagnes puis les villes dès la fin du XVIe siècle à la suite des guerres et des accidents climatiques.

20. Straparole, *Les Nuits facétieuses*, septième nuit.
21. Straparole, *Les Nuits facétieuses*, huitième nuit. Les différentes actions contées dans *Les Nuits facétieuses* se déroulent dans toutes les villes italiennes et de nombreuses villes méditerranéennes : Tunis, Athènes, Thèbes en Égypte, au Portugal. On pourrait presque, à la lecture de ces contes, établir une carte des routes commerciales italiennes au XVIe siècle.
22. Grimm, *La Sacoche, le vieux chapeau et la petite trompette*.

Louis XIV décrit dans ses *Mémoires* destinés au Grand Dauphin l'état du pays après le terrible hiver de 1661 : « On peut s'imaginer, mon fils, quels effets produisaient dans le royaume les marchés vides de toutes sortes de grains, les laboureurs contraints de quitter le travail des terres pour aller chercher ailleurs la subsistance dont ils étaient pressés, ce qui faisait même appréhender que le malheur de cette année ne passât aux suivantes : les artisans qui enchérissaient leurs ouvrages à proportion de ce qu'il leur fallait pour vivre ; les pauvres faisant entendre partout leurs plaintes et leurs murmures... tous les ordres de l'État enfin menacés de grandes maladies que la mauvaise nourriture amène avec elle. »

Et ces conditions climatiques extrêmes se renouvellent dès la fin du XVIIe siècle, en 1693, et au XVIIIe siècle pendant les hivers 1709 et 1740, déclenchant chaque fois des vagues de famine et d'épidémies.

Les masures et les châteaux

Il n'y a pas de famille sans foyer. Les contes font donc presque toujours allusion aux lieux de vie, et là aussi de façon très tranchée : il s'agit de châteaux ou de masures semblables à celles que les états généraux de 1649 mentionnent : « Maintenant on ne voit que des troupes de pauvres et tous communément couchent sur la paille et ont été contraints de faire de petites huttes au milieu des champs, n'ayant moyen de trouver logement[23] ».

Ce que les contes de Grimm *Jeannot et Margot*, *La Maison forestière* ou *Le Pêcheur et sa femme* traduisent par : « À l'orée d'une grande forêt vivaient un pauvre bûcheron, sa femme et ses deux enfants » ; « Un pauvre bûcheron vivait avec sa femme et trois filles dans une petite loge à l'orée d'une forêt solitaire » ; « Un pêcheur et sa femme vivaient ensemble dans une minuscule cabane au bord de la mer. »

Des châteaux sont souvent mentionnés au début du conte et, de même que le terme « Roi » désigne celui qui a charge d'âmes, le terme « château » désigne la demeure la plus importante du lieu où se déroule l'action :

23. Cité par Alain Collomp, « Familles. Habitations et cohabitations », *Histoire de la vie privée*, t. 3.

ferme fortifiée, grande maison, château modeste où vivotent des « familles de la noblesse du royaume chargées d'enfants avec peu de bien » selon les termes de Louis XIV. Ce modeste château c'est, dans les contes de Mme d'Aulnoy, celui du père de Belle-Belle qui, après avoir été très riche, se retrouve sous un « toit rustique » dont ne dépendent qu'un verger et une pauvre écurie où ne se trouvaient que quatre chevaux de labour. Ou celui dans lequel le roi Brun enferme son fils et dont « les appartements et les meubles paraissent d'une antiquité assez surprenante ».

De toute façon, ce château focalise les désirs de tous ceux qui habitent une petite maison au bout du village, une chambrette près de l'église, un « pot de chambre non loin de la mer », une misérable cahute, une petite loge à l'entrée d'une forêt solitaire dont les frères Le Nain ont donné une image très enjolivée.

Mais, dans le cours du récit, un autre château apparaît, splendide, resplendissant de lumière.

« Il y avait un vestibule superbe avec des murs plaqués de marbre, et là, des domestiques en grand nombre pour leur ouvrir les portes monumentales ; sur les hauts murs blancs et polis étaient de belles tapisseries ; dans les grands salons et les autres chambres, les fauteuils et les tables étaient d'or pur et des lustres de cristal en forme de couronne ornaient les plafonds ; il y avait des tapis dans toutes les chambres grandes et petites et des mets de toutes sortes avec les vins les plus fins chargeaient les tables à les faire crouler.

« Une vaste cour tenait l'arrière du château, avec les écuries des chevaux et les étables des vaches et des remises où étaient rangés de magnifiques carrosses ; puis un jardin de fleurs et des vergers splendides ; puis encore un parc d'au moins une lieue de long avec un bois de plaisance tout giboyeux, où l'on voyait courir les cerfs et les chevreuils et les lièvres et les autres, tous les autres animaux qu'on peut aimer voir et manger[24]. »

Dans ce château s'active une domesticité nombreuse. Pour n'en donner qu'un exemple, entrons dans la grande cuisine du prince Riquet : elle est « pleine de cuisiniers, de marmitons et de toutes sortes d'officiers nécessaires pour faire un festin magnifique. Il en sort une bande de vingt ou

24. Mme d'Aulnoy, *Le Prince Lutin*.

trente rôtisseurs [...] et qui tous, la lardoire à la main et la queue de renard sur l'oreille, se mirent à travailler en cadence au son d'une chanson harmonieuse ». Ce château, c'est le château de Vaux-le-Vicomte, ou ceux de Versailles, de Schönbrunn ou de Sans-Souci, c'est le rêve devenu réalité d'un souverain. Ces vergers splendides, c'est le Potager du roi à Versailles. Ce parc, c'est l'œuvre de Le Nôtre, le magicien qui « aplanit les collines, creusa des bassins et des lacs, déplaça des montagnes pour aménager un terre-plein où allait s'élever le palais de Le Vau puis de Mansart[25] » dans lequel se déroulent les somptueuses fêtes imaginées par le Roi-Soleil et d'où partent les parties de chasse dans les forêts avoisinantes.

VERSAILLES VU PAR LES CONTEMPORAINS

« C'est un château que l'on peut nommer un palais enchanté, tant les ajustements de l'art ont bien secondé les soins que la nature a pris pour le rendre parfait [...] L'or et le marbre y disputent de beauté et d'éclat [...] Toutes les choses y sont si polies, si bien entendues et si achevées que rien ne peut les égaler. Sa symétrie, la richesse de ses meubles, la beauté de ses promenades et le nombre infini de ses fleurs comme de ses orangers rendent les environs de ce lieu dignes de sa rareté singulière. »

(*Feu d'artifice et autres festes galantes et magnifiques faites par le Roi à Versailles le 7 mai 1664.* Paris, 1673.)

La forêt

La forêt est un élément essentiel des contes merveilleux, elle est omniprésente, à la lisière des villages, elle enserre les châteaux et elle fait partie des obstacles ou des dangers que le héros ou l'héroïne du conte doivent franchir. Repaire des animaux féroces, des ogres, des brigands, elle terrifie ceux qui s'en approchent.

Le Petit Poucet et ses frères, abandonnés la nuit dans la forêt, « croyaient n'entendre de tous côtés que des hur-

25. J. Barry, *Versailles.*

lements de loups qui venaient à eux pour les manger » ; Blanche-Neige se cachant de sa marâtre au cœur de la forêt avait si peur qu'« elle regardait chaque feuille de la forêt sans savoir ce qu'elle allait devenir. Elle se mit à courir sur les cailloux pointus et à travers les épines. Les bêtes sauvages bondissaient autour d'elle... ». À cette forêt toute bruissante de bruits est souvent opposée une forêt d'autant plus inquiétante que « tout était silencieux comme dans une église : pas la plus petite brise ne soufflait, pas un seul oiseau ne chantait ; et à travers le feuillage, pas un unique rayon de soleil ne filtrait[26] ».

Et lorsqu'elle semble accueillante le danger n'est jamais bien loin. Ainsi, Neigeblanche et Roserouge ont beau l'avoir apprivoisée – « le lièvre venait manger des feuilles de chou dans leur main, le chevreuil broûtait à leurs côtés, le cerf bondissait joyeusement à leur rencontre, les oiseaux ne quittaient pas leurs branches et chantaient à pleine voix. Quand les deux enfants s'attardaient dans la forêt et que la nuit les surprenait, elles se couchaient l'une près de l'autre sur la mousse et dormaient » –, elles finissent par rencontrer un nain menaçant qui ne cesse de les injurier.

Hans et Gretel arrivent enfin devant une maisonnette où ils espèrent trouver refuge. Las ! Cette maisonnette en pain d'épice est celle d'une ogresse qui a trouvé ce stratagème pour attirer les enfants dont elle se régale les jours de fête.

Et la même mésaventure arrive au Petit Poucet et à ses frères : ils arrivent chez un ogre « qui mange les petits enfants » et ils ne doivent qu'à la présence d'esprit du Petit Poucet de ne pas servir de repas de choix à l'ogre et à ses trois amis.

Or, dans la réalité des Temps modernes, la forêt est en recul, surexploitée pour la construction des maisons, des navires, pour le chauffage, au point qu'en France le roi « déplorant la désolation de ses forêts » prend, au début du XVIIIe siècle, des mesures sévères pour la protéger et la reconstruire.

Alors pourquoi ces contes lui donnent-ils tant d'importance ? Certes, les forêts sont peu sûres à cette époque, les traverser est risqué. Mais les historiens avancent également qu'il peut s'agir d'une réminiscence des grandes forêts qui, jusqu'à l'aube du Moyen Âge, recouvraient

26. Grimm, *Les Deux Compagnons de route.*

l'Europe occidentale et qu'il a fallu défricher, abattre, mettre en fagots. Cet épuisant travail de mise en culture de terres incultes, sans autre aide que des haches et de l'huile de coude, s'est étendu sur des générations et des générations, tâche gigantesque qui a certainement laissé des traces dans l'esprit des hommes.

D'où ces nombreux bûcherons, pauvres, travaillant « de la pointe du jour jusqu'à la toute dernière lueur du soir[27] » dont parlent les contes, ces travaux surhumains imposés aux héros : tuer les géants ou les animaux monstrueux qui habitent ces forêts, tel le dragon à sept têtes du conte de Grimm *Les Deux Frères*, abattre une forêt ou vider un étang en une nuit comme en témoigne un conte breton rapporté par Michèle Simonsen, *La Montagne noire* : pour payer sa dette de jeu envers le roi Barbauvert, un jeune homme doit successivement abattre une forêt avec une hache de bois et la mettre en fagots avant le coucher du soleil puis vider un étang à l'aide d'une écuelle. Ce sont de semblables travaux qu'une sorcière impose à un jeune tambour dont Grimm relate les aventures : vider un étang avec un dé à coudre et en trier les poissons en une nuit, abattre une forêt en une journée avec une cognée en plomb et dresser un bûcher en une matinée avec le bois ainsi coupé.

La conquête de nouvelles terres cultivables débutait avec ces différents travaux. Il apparaît ainsi que l'imaginaire est bien le passé vécu comme présent.

Les villes

Campagnes et forêts, masures et châteaux ne sont pas les uniques lieux de vie. De tout temps les populations se sont regroupées, formant des hameaux, des villages, des villes dont le mode de vie s'est peu à peu différencié de celui de la campagne puisque s'y sont concentrés les pouvoirs économique, culturel et politique.

Cette primauté urbaine s'est confirmée aux Temps modernes, les villes devenant « un centre régulateur où tout afflue et dont tout procède[28] » les caractères ruraux finissant par disparaître.

27. Grimm, *L'Esprit dans la bouteille*.
28. Hugues Neveux, « L'armature urbaine », *Histoire de la France urbaine*, t. 3.

Sur le plan individuel, les problèmes de fond sont bien évidemment les mêmes, et le sont toujours aujourd'hui – comment assumer au mieux sa condition humaine –, mais le cadre est bien différent. S'il est parfois esquissé dans les contes les plus connus, il est particulièrement bien décrit dans les contes littéraires français et dans les contes italiens.

En Italie, où l'urbanisation est plus ancienne qu'en France, Basile et Straparole placent la majorité de leurs contes dans un cadre urbain. Venise « située à l'extrémité de la mer Adriatique est appelée reine de toutes les autres cités ; elle a la mer pour murailles et le ciel pour couverture » ; ils nous livrent de savoureuses scénettes où l'on retrouve toute la faconde italienne. Ainsi cette description d'une belle fille : « Il vit une poupée, une gracieuse petite colombe, la fée Morgane, une bannière splendide, une branche en or, il vit une ravisseuse de cœur, un œil de faucon, un beau petit pigeon, un morceau de roi, un bijou, un joyau, une pierre précieuse, bref il vit en vérité un spectacle qui l'envoya directement au septième ciel[29]. »

En France, les conteuses amies de Charles Perrault nous donnent les meilleures adresses de la capitale, celles qui font que l'on est à la mode, que l'on fait envie aux autres. Ainsi apprend-on qu'à la fin du XVIIe siècle on ne peut se fournir en rôts et en gibier que chez la Guerbois, un fameux rôtisseur de la rue Saint-Honoré, en dragées et autres pâtisseries chez Le Coq, rue de l'Université ; que toute table digne de ce nom doit offrir du pain pétri à Gonesse et « du café, du sorbet, des glaces, de la limonade, des fraises, de la crème et des confitures[30] » sans oublier les huîtres, les oranges et les citrons. Que le magasin de décoration le plus en vue est celui d'un certain Dautel. Tout au long de ces contes littéraires on trouve maintes indications d'un mode de vie qui ne pouvait que faire rêver les petites gens de l'époque.

Et, pour s'en convaincre, il suffit de relire les préparatifs auxquels se livrent les deux sœurs de Cendrillon pour aller au bal donné par le fils du roi : « On ne faisait que parler de la manière dont on s'habillerait... On envoya quérir la bonne coiffeuse pour dresser des cornettes à deux rangs, et on fit acheter des mouches de la bonne faiseuse... On rompit plus de douze lacets à force de les serrer pour leur

29. Basile, *La Branche de myrte.*
30. Mme d'Aulnoy, *Le Mouton.*

rendre la taille plus menue et elles étaient toujours devant leur miroir », tandis que ses sœurs italiennes se régalent « de viande aux pruneaux et aux pignons, de macaronis, de raviolis, de montagnes de gâteaux, de pains de Gênes, de mille-feuilles[31] ».

Pour conclure ce chapitre, nous pourrions dire que les contes de fées, que les contes merveilleux nous parlent d'un monde vivant, bien réel, où cohabitent riches et pauvres, tous mus par le désir d'accéder à la classe supérieure. Ce vœu se réalisera non dans une lutte des classes sanglante mais grâce à l'intervention d'êtres merveilleux.

31. Basile, *La Chatte cendrillonne.*

Que ma volonté soit faite

« Il était une fois une reine qui accoucha d'un fils si laid et si mal fait qu'on douta longtemps qu'il avait forme humaine.

Une fée qui se trouva à sa naissance assura qu'il ne laisserait pas d'être aimable[1]. » Une fée : mot magique qui fait rêver et permet d'échapper à la réalité pendant quelques instants.

Une fée... aussitôt surgit devant nos yeux une forme féminine, légère, fluide, furtive. Une chevelure interminable tel un manteau, une longue robe scintillante, un sourire, une tendresse dans le regard et surtout à la main cette fameuse baguette surmontée d'une étoile.

Une fée... et nous nous sentons redevenir enfant, envahi d'un bien-être inexplicable. Une fée... et pendant un laps de temps tout nous semble possible, réalisable.

Mais d'où viennent cette vision, ce sentiment ? Car les fées telles que nous les imaginons, il y en a peu dans les contes les plus connus.

Chez Grimm, elles sont pratiquement inexistantes. Chez Perrault, on en mentionne quelques-unes, comme en passant, sans s'attarder sur elles tant elles sont jugées familières ! « Il n'est pas besoin qu'on vous die / Ce qu'était une Fée en ces bienheureux temps ; / Car je suis sûre que votre Mie / vous l'aura dit dès vos plus jeunes ans[2]. » Il y a la fée marraine de Cendrillon qui lui permet d'aller au bal en grand équipage.

Il y a les fées qui ont été invitées près du berceau de la Belle au bois dormant afin de la combler, de la doter de tous les dons ainsi que le voulait la coutume.

1. Perrault, *Riquet à la houppe*.
2. Perrault, *Peau d'Âne*.

Parmi elles se tient une vieille – elle a plus de cinquante ans et la tête toute branlante –, elle est méchante puisqu'elle n'offre que la mort à l'enfant.

Et pourtant c'est une fée, ce n'est pas une sorcière quoique grossièrement vêtue, ricanante et malveillante. Elle n'a pas besoin de potions magiques pour agir alors que, sans ces potions, la sorcière est sans pouvoir, comme nous le montre l'exemple de la marâtre de Blanche-Neige ou encore l'histoire de la Petite Sirène d'Andersen, qui ne devient femme qu'après avoir bu une potion préparée par la sorcière de la mer.

Une fée l'aurait simplement touchée de sa baguette comme l'a fait la vieille fée qui a jeté un sort à la toute petite Belle au bois dormant.

Cette vieille fée fait la paire avec la fée Carabosse, « une méchante bossue qui était comme une guenon avec son fagotin de singe dans la brouette[3] » ; ou avec l'horrible fée Cancaline qui enlève la petite princesse Joliette et la réduit à la condition de dindonnière[4], ou la fée Ragotte qui transforme en mouton celui qui est né sur un trône quand, épouvanté par son âge et sa laideur, il refuse de répondre à son amour ; et avec la plus célèbre d'entre elles, celle qui a condamné un prince à rester sous la figure d'une Bête « jusqu'à ce qu'une belle fille consentît à [l']épouser et elle lui avait défendu de faire paraître son esprit[5] ».

Alors on se demande ce qu'est une fée, puisqu'on lui colle à la fois une image saint-sulpicienne qui nous la montre jeune, belle, bonne et toute-puissante et une image machiavélique puisque Carabosse et ses semblables sont vieilles, laides, et ne pensent qu'à faire le mal.

Une chose est évidente : lorsque la fée apparaît, la situation s'inverse.

La méchante fée assombrit un avenir qui s'annonçait lumineux.

La bonne fée permet à ce qui était impossible de devenir possible, à ce qui était laid de devenir beau.

Les souris se transforment ainsi en magnifiques chevaux gris pommelé, attelés à une citrouille devenue un somptueux carrosse conduit par un imposant cocher qui, quelques instants auparavant, n'était qu'un rat répugnant.

3. Mme d'Aulnoy, *La Princesse Printanière.*
4. Mme d'Aulnoy, *La Bonne Petite Souris.*
5. Mme Leprince de Beaumont, *La Belle et la Bête.*

Les haillons de Cendrillon sont « changés en des habits de drap d'or et d'argent tout chamarrés de pierreries ».

On souhaite donner à son enfant une marraine qui soit fée, une bonne fée évidemment, car on sait qu'elle le dotera de toutes les perfections imaginables : la Belle au bois dormant reçoit à sa naissance la beauté, l'esprit, la grâce ainsi que des dispositions pour la musique, la danse et le chant.

Et, quand tout va mal, il y a toujours une fée pour dire que des temps meilleurs ne sauraient tarder : « Prenez courage, Madame, vos malheurs finiront ; j'espère y contribuer », susurre la fée à la veuve du roi Joyeux emmenée comme esclave par le roi du pays des larmes[6].

La fée aux cheveux bleus

Il était une fois un morceau de bois qui parlait. Le vieux Geppetto le transforma en un merveilleux pantin avec lequel il pensait pouvoir gagner son morceau de pain et son verre de vin. Mais très vite le pantin échappa à son contrôle et décida de mener sa vie à sa guise : « manger, boire, dormir, s'amuser et mener du matin au soir la vie de vagabond ».

C'est ainsi que commence le roman de Carlo Collodi, *Pinocchio*. Pinocchio, c'est un pantin de bois qui se conduit comme un enfant facétieux. Mais cela l'entraîne dans toute une série d'aventures, orchestrées par la Fée aux cheveux bleus, où interviennent tous les acteurs des contes merveilleux : les animaux compatissants, les brigands, un dragon ou plutôt un serpent à la queue fumante, un requin qui l'avale et à l'intérieur duquel il retrouve Geppetto. Au terme de toutes ces péripéties au cours desquelles il a connu la faim, la prison, où il est devenu âne, chien de garde, il devient grâce à la Fée aux cheveux bleus un vrai petit garçon, « un bel enfant aux cheveux châtains, aux yeux bleus, avec un air gai et triomphant » qui contemple avec étonnement sa dépouille de pantin : « Comme j'étais ridicule quand j'étais pantin ! Et comme je suis heureux d'être devenu un bon petit garçon ! »

(Carlo Collodi, *Pinocchio.*)

6. Mme d'Aulnoy, *La Bonne Petite Souris.*

Le mystère de la fée

Que signifie le mot « fée », et peut-il nous éclairer sur la personne de la fée ? Ce mot vient directement du latin *fatum*, la destinée, « cette puissance qui fixerait de façon irrévocable le cours des événements », ainsi que nous le précise *Le Robert. Fatum* : un mot neutre, au singulier, alors que les Grecs parlaient des Destinées, des Moires ou Parques, un mot féminin et pluriel. Selon eux, trois divinités présidaient à la vie : Clotho la filait, Lachésis la mesurait et Atropos la coupait. En passant du neutre au féminin, *fata* – qui a donné en Provence le mot *fado*, en Gascogne le mot *fade* pour désigner les fées –, le latin retrouva cette conception de la femme maîtresse de la vie, qui dans un même mouvement donne la vie et la mort. Comme le souligne Édouard Brasey, la fée est celle « qui noue le fil de la vie des humains en assistant à la naissance des enfants et en se penchant sur leurs berceaux pour les combler de leurs bienfaits. C'est elle qui dévide ce fil en intervenant sur le destin des hommes. C'est elle qui rompt ce fil en annonçant la mort des humains avant de les emmener dans ses palais enchantés... Les fées incarnent la part féminine du Dieu Créateur ».

Ce rôle que jouent les fées dans le destin des hommes est clairement rappelé par Mme d'Aulnoy, qui fait dire par la fée Amazone à la princesse Carpillon : « Il faut vous laisser remplir votre destinée. » Et Grimm en témoigne plusieurs fois. Tout au long du conte des *Six Frères cygnes* court un fil : c'est le fil magique qui permet au roi de rejoindre ses enfants qu'il a cachés lors de son remariage ; c'est le fil ensorcelé avec lequel la nouvelle reine tisse les petites chemises qui transforment les fils du roi en cygnes ; c'est le fil provenant de fleurs étoilées avec lequel leur sœur tisse et coud pendant sept ans les chemisettes qui les délivreront de leur enchantement. Dans le conte de *La Gardeuse d'oies à la fontaine*, la vieille femme malicieuse qui passe son temps à filer connaît le destin de tous ceux qui l'approchent mais se refuse à le leur dévoiler.

Il y a donc de bonnes et de mauvaises fées, celles qui président aux naissances, comblent de dons le nouveau-né, aident à la réalisation des vœux, et celles qui coupent ou tentent de couper le fil de la vie. Toutes, elles interviennent sur le cours de la vie humaine, mais, comme le Dieu Créateur, elles sont perçues de façon différente selon les époques, les lieux, les cultures. Le merveilleux est unique et multiple, et il est merveilleux en ce que, toujours, le pouvoir des mauvaises fées est contrecarré par celui des bonnes fées, qui sont également supérieures à tous les autres êtres merveilleux – les nains, les lutins, les nixes, les trolls, les elfes, les *Poltergeist*. Les Anglais ne s'y sont pas trompés qui distinguent les *noble fairies* des *household fairies*, les grandes fées qui font gagner leur héros des fées domestiques, et Shakespeare entérine cette distinction dans *Le Songe d'une nuit d'été*, lorsqu'une fée dit à Puck : « N'êtes-vous pas celui qui effraye les filles du village, écrème le lait, tantôt dérange le moulin et fait que la ménagère s'essouffle vainement à la baratte, tantôt empêche la boisson de fermenter et égare de nuit les voyageurs en riant de leur peine ? Ceux qui vous appellent Hobgoblin, charmant Puck, vous faites leur ouvrage et vous leur portez bonheur. »

Les *noble fairies*

« Elle vit venir une dame dont l'air majestueux correspondait bien à la nombreuse suite qui l'accompagnait : six filles d'honneur soutenaient la queue de son manteau ; elle s'appuyait sur deux autres, richement vêtue de velours amarante, en broderie de perles ; on portait un fauteuil en drap d'or, où elle s'assit, et un dais de campagne qui fut bientôt tendu ; en même temps on dressa le buffet, il était tout couvert de vaisselle d'or et de vases de cristal. On lui servit un excellent souper au bord de la fontaine dont le doux murmure semblait s'accorder à plusieurs voix qui chantaient... [puis] elle monta dans un char de corail, enrichi d'émeraudes, tiré par six chevaux blancs, plus beaux que l'attelage du soleil. »

C'est grâce aux contes de Mme d'Aulnoy – la fée dont il vient d'être question est la fée Reine des bois – que l'on peut approcher d'un peu plus près les fées. On en dénombre plusieurs dizaines dans ses contes, bien individualisées, puissantes, et qui donnent à rêver tant par leur apparence que par leurs actions qui tiennent du miracle.

Une fée peut tout : « Que souhaitez-vous ? Je peux tout, demandez », dit la fée au prince Lutin. Cette dernière a un « air noble et majestueux » et « son habit était de satin amarante brodé de diamants et de perles ». La fée que rencontre Belle-Belle est vêtue d'un habit de « velours bleu doublé d'hermine ; ses cheveux était nattés avec des perles et sur sa tête une superbe couronne ». Les fées apparaissent et disparaissent soudainement et chacune de leurs apparitions est précédée d'une vive lumière réfractée par les pierreries qui ornent leurs robes et leurs cheveux. Ces quelques traits précisent un peu l'image que nous nous faisons des fées mais ne nous permettent guère de les décrire véritablement. Et pourtant leur image nous est familière.

Depuis la nuit des temps, toute croyance est avant tout croyance religieuse. Dans l'Antiquité, les dieux et les déesses, tout en étant les grands organisateurs du monde, avaient figure humaine. Cette vision, cette conception de la divinité s'est perpétuée dans le christianisme, dès les premiers siècles, et, si Dieu est peu représenté, le Christ et la Vierge, ainsi que tous les saints ont bénéficié d'une riche iconographie visible de tous, dans les moindres lieux de culte. Très tôt cette iconographie a obéi à des critères très stricts et très précis.

À la Vierge sont associés, par exemple, le grand manteau protecteur de couleur bleue, la robe rouge – amarante, précise les contes –, la couronne scintillante posée sur une chevelure blonde – le blond rappelant la puissance solaire et donc les forces qui émanent de la divinité. Les artistes italiens de la Renaissance – Pisanello, Masaccio, Fra Angelico, Raphaël, Léonard de Vinci, Bellini – ont porté à leur perfection les représentations de la Vierge.

Leurs œuvres ont servi de modèle à l'Europe entière et à la France en particulier grâce aux relations politiques et culturelles étroites qu'entretenaient les deux pays à l'arrivée au pouvoir de Mazarin, à la mort de Louis XIII. « Notre-Dame est partout, dans les églises, les chapelles, les oratoires privés, au coin des rues, sur les portes et sur les murailles. Couronnée au milieu des saints, elle représente allégoriquement l'Église ; étendant son manteau sur les hommes elle les protège des traits de la peste et les console dans l'affliction[7]. »

7. Jacques Chiffoleau, « La religion flamboyante », *Histoire de la France religieuse*, t. 2.

Cette omniprésence de la Vierge est accentuée, renforcée par tous les récits des miracles qu'elle a accomplis et dont on trouve de nombreuses relations à partir du XIIIe siècle avec *Les Miracles de Notre-Dame* de Gautier de Coincy (1218), les *Cantigas de Santa Maria* du roi espagnol Alphonse X le Sage, *La Devoción de la Cruz* de Calderón, pour ne citer que les plus célèbres. Sans oublier ses apparitions en France : à Gignac en 1628, à Notre-Dame de Garaison, en Gascogne, puis en 1799 à Hoste, en Lorraine.

Et Grimm n'a pas hésité à amalgamer, à fusionner les deux entités, la Vierge et la fée, donnant à cette dernière une image familière entre toutes. « À la lisière d'une grande forêt vivaient un bûcheron et sa femme, qui n'avaient pour unique enfant qu'une fillette de trois ans. Ils étaient si pauvres qu'ils n'avaient même pas le pain de chaque jour et ne savaient comment la nourrir. Mais voilà qu'un matin, tout soucieux, le bûcheron était allé à son travail dans la forêt, et comme il coupait le bois, il eut devant lui une belle grande dame qui avait sur la tête une couronne d'étoiles scintillantes, et qui lui dit : "Je suis la Vierge Marie, la mère du Petit Jésus ; tu es pauvre et dans le besoin ; laisse-moi emmener ton enfant avec moi, je serai sa mère et je m'occuperai d'elle[8]". »

Seule la baguette distingue la fée de la Vierge. Car la baguette est l'instrument de travail de la fée, qu'elle soit bonne ou méchante.

Mme d'Aulnoy nous en fournit maints modèles. Le modèle le plus simple est la baguette de coudrier utilisée par la fée dans le conte de *La Bonne Petite Souris* et elle n'est pas sans rappeler la baguette encore utilisée de nos jours par le sourcier. Une baguette, en ivoire celle-ci, permet à l'ogresse Tourmentine de faire toutes espèces de prodiges. Mais le modèle assurément le plus riche est la baguette utilisée par la fée Bénigne dans *Le Rameau d'or*. Elle est en forme de « rameau d'or chargé de rubis, qui formaient des cerises ».

De même que la baguette du sourcier permet de faire surgir l'eau et d'amener la vie là où elle semblait impossible, de même la baguette de la fée permet le dénouement de situations inextricables : Cendrillon peut aller au bal, une biche apparaît et sert de nourrice à la petite prin-

8. Grimm, *L'Enfant de Marie*.

cesse Aimée, qu'une épouvantable tempête a jetée, vivante, au pays de l'ogre Ravagio et de l'ogresse Tourmentine. C'est cette même baguette qui permet à la princesse qui a grandi de recouvrer le langage des hommes, puis de fuir avec son amant, de se dissimuler avec lui sous l'apparence d'un bateau et de sa batelière, d'un oranger et d'une abeille, échappant ainsi au couple d'ogres. Or cette baguette qui appartient à la fée Trusio est également la fée.

De même, dans le conte d'Andersen *Le Briquet*, la fée bienveillante qui va couvrir d'or le pauvre soldat est un briquet, à moins qu'elle ne soit l'un des chiens bienveillants qui accourent et se mettent aux ordres dès que l'on bat le briquet : « S'il en battait une fois, le chien posé sur le coffre aux pièces de cuivre arrivait ; s'il en battait deux fois, c'était celui aux pièces d'argent ; s'il en battait trois fois, arrivait celui qui avait de l'or... » Et cela explique toute la difficulté que nous avons à reconnaître les fées : selon les circonstances, elles se cachent – la fée Souveraine « se contentait de venir voir Constancia dans un rayon de soleil[9] » – ou prennent les aspects les plus inattendus.

Les fées dans tous leurs états

Les fées apparaissent ou disparaissent à volonté sous une infinité de formes. Dans de très nombreux contes, elles prennent l'apparence d'une pauvre vieille femme, ce qui leur permet de tester les qualités de cœur du héros ou de l'héroïne. « J'ai voulu vous éprouver plus fortement, dit la fée Souris à la reine Joyeuse, j'ai pris la figure d'une vieille. »

De même la fée qui de Basile à Perrault et à Grimm se transforme en une « pauvre femme », en une « vieille femme qui avait de grandes dents ». Sous ce masque peu avenant – le conte de Grimm *Dame Holle* montre la terreur qu'éprouve l'héroïne –, la fée demande successivement à deux sœurs soit à boire, soit à manger, soit de l'aide. La première accepte gentiment et est récompensée par des flots d'or, de pierres précieuses, de perles ou de fleurs qui sortent de sa bouche à chaque parole. La seconde, qui fait montre de vanité, est condamnée à cracher un serpent ou

9. Mme d'Aulnoy, *Le Pigeon et la Colombe.*

un crapaud dès qu'elle ouvre la bouche ou, selon les contes, à être couverte de vermine et à faire naître sous ses pas des ronces et des orties.

Mais cette apparence n'est pas satisfaisante car elle prête trop souvent à confusion entre les bonnes et les mauvaises fées. De plus elle n'est pas très pratique et, pour être au plus près de leurs protégés, les fées lui préfèrent des formes plus fonctionnelles.

Les fées peuvent prendre ainsi des formes animales, ce dont Mme d'Aulnoy rend compte avec abondance. Ainsi voit-on la fée Bergère se transformer en cheval, le cheval Camarade, pour mieux veiller sur Belle-Belle, alias le chevalier Fortuné, et lui donner « de si bons avis que les souverains seraient bienheureux d'avoir des conseillers qui lui ressemblassent », et la fée Grenouille affronter la terrible fée Lionne qui retient prisonnière la mère de la princesse Moufette. La fée Gentille, elle, apparaît au jeune Léandre sous forme de couleuvre et lui permet de devenir lutin, tandis qu'une fée anonyme prend la forme d'une petite souris « qui était fort jolie » pour veiller au bien-être de la reine Joyeuse et de sa petite fille Joliette prisonnières de la vilaine fée Cancaline.

C'est une petite chatte qui offre à Jean, le pauvre garçon meunier dont Grimm nous conte les aventures, d'entrer à son service pendant sept ans, au bout desquels il aura le beau cheval qu'il souhaite rapporter à son père. Non seulement Jean, à la fin de son contrat, gagne un superbe cheval, mais aussi la main de la princesse qui n'était autre que la fée, c'est-à-dire « la petite chatte tachetée que le brave petit Jean a servie pendant sept ans[10] ». N'est-elle pas, d'ailleurs, cette fée princesse, la descendante du Maître chat qui permit au fils d'un pauvre meunier de devenir le célèbre marquis de Carabas et d'épouser la fille du roi[11] ?

Cette transformation de la fée en animal semble être caractéristique du conte français – dans le conte breton *Jean-le-Teigneux* rapporté par Michèle Simonsen, la fée prend la forme d'une mule pour sauver Jean des griffes de son parrain le diable –, tandis que, dans les contes allemands, les fées se transforment plus fréquemment en objets même si Perrault nous donne de ce cas un magnifique exemple avec *Le Petit Poucet*.

10. Grimm, *Le Pauvre Garçon meunier et la petite chatte*.
11. Perrault, *Le Chat botté*.

Celui-ci peut subtiliser à l'ogre ses bottes de sept lieues et devenir le courrier du roi qui pour cela fit sa fortune, car les « bottes étaient fort grandes et fort larges ; mais comme elles étaient fées, elles avaient le don de s'agrandir et de s'apetisser selon la jambe qui les chaussait, de sorte qu'elles se trouvèrent aussi justes à ses pieds et à ses jambes que si elles avaient été faites pour lui ».

Dans les contes de Grimm les objets-fées sont légion. Dans le conte *Le Tambour,* il y en a au moins trois. Tout d'abord une fine chemise de lin qui permettait à une princesse de rentrer auprès des siens après son bain dans le lac. L'ayant perdue, la princesse est prisonnière de la sorcière du Mont de Cristal que l'on ne peut gravir qu'à l'aide d'une vieille selle de cuir qui transporte son possesseur là où il désire. Quant à la troisième fée, elle prend l'aspect d'une bague magique qu'il suffit au héros de tourner pour venir à bout des épreuves qui vont lui permettre de délivrer la princesse. Un dernier tour et le Tambour et la princesse se retrouvent aux portes de la ville.

Cette fée-bague est très présente dans les contes. Un petit tour et l'ordre : « les eaux en haut ; nous les poissons sortons », et un étang se vide instantanément de son eau et de ses poissons ; un petit tour, et une forêt s'abat et se débite en bûches qui se rangent en piles bien cordées, comme dans le conte breton que nous citons plus haut.

Plus extraordinaires encore sont les trois objets-fées que les fils du tailleur reçoivent de leurs maîtres d'apprentissage et qui leur permettent de jouir avec leur père d'une joyeuse et longue vie[12]. Le premier, qui a été en apprentissage chez un menuisier, reçoit une petite table de bois tout ordinaire « qui se couvrait d'une nappe propre sur laquelle il y avait le couvert, l'assiette, le couteau et la cuillère, avec des plats fumants et bien garnis aussi nombreux qu'ils pouvaient trouver place, et encore un grand verre où brillait un vin couleur de rubis à vous en réjouir le cœur » lorsqu'on lui disait « Petite table, sois mise » ; le deuxième obtient au terme de son apprentissage chez un meunier un âne qui fait des pièces d'or par-derrière et pardevant au commandement « Briquelebritte ». Notons au passage qu'il s'agit du même âne qui occupe la meilleure place de l'écurie du Roi, père de Peau d'Âne. Quant au

12. Grimm, *Petite-table-sois-mise, l'âne-à-l'or et gourdin-sors-du sac.*

troisième, son maître d'apprentissage lui offre un sac avec un gourdin qui, lorsqu'il y a danger, « tombait à coups redoublés sur la blouse ou la veste des gens, leur brossant fameusement les habits sur le dos avant qu'ils aient eu seulement le temps de les enlever » et ne s'arrête qu'au commandement « Gourdin dans le sac ».

On retrouve de semblables objets-fées dans un autre conte, *La Sacoche, le vieux chapeau et la petite trompette*, qui met en scène un pauvre homme décidé à tenter sa chance jusqu'au bout.

Perdu dans une grande forêt, mourant de faim, soudain, une petite table « couverte de mets succulents dont le fumet montait jusqu'à lui » apparaît. « Il ne se demanda pas qui avait préparé cette cuisine ou qui l'avait apportée là, mais il se mit tout simplement à table et mangea, et dévora », puis il fourre la nappe dans sa poche et poursuit sa route. Bien lui en prend, car il rencontre en chemin des bûcherons auxquels il peut ainsi offrir un bon repas. En guise de remerciement, l'un lui offre une sacoche contenant sept guerriers, l'autre un chapeau qui commande à douze canons et le troisième une trompette qui, telles celles de Jéricho, « faisait crouler murs et murailles des forteresses et des châteaux, des villes et des villages à la ronde ». De sorte qu'après bien des péripéties dont il sortit indemne grâce à la sacoche, au chapeau et à la trompette « il s'installa sur le trône et prit la royauté sur tout l'empire ».

Dans le conte *La Boule de cristal*, il faut l'intervention d'un chapeau, d'un miroir et d'une boule de cristal pour dénouer l'enchantement qui tient prisonnière une princesse tandis que le roi de la Montagne d'or ne peut rejoindre sa reine qu'avec l'aide de trois objets magiques : une épée, un manteau et des bottes.

À la lecture de tous ces contes, une remarque s'impose : comme les Parques, les objets-fées vont par trois. Un objet cependant n'obéit pas à cette règle des trois : la clé.

La clé est une fée, comme nous l'indique Perrault dans *Barbe-Bleue*, qui n'apparaît que dans un type précis de contes : les contes d'avertissement ou de la chambre interdite, des contes où la jeune héroïne – plus rarement le jeune héros – est placée devant un mystère qu'elle brûle de connaître.

Qu'il s'agisse de la jeune femme de Barbe-Bleue, de la jeune fille élevée par la Vierge ou des deux premières femmes du maître sorcier[13], elles se voient confier les clés de la demeure où elles vivent avec l'autorisation de visiter toutes les pièces à leur guise, toutes les pièces sauf une qu'ouvre une toute petite clé.

Bien évidemment, les jeunes femmes ne résistent pas longtemps au désir de voir ce que cache la pièce interdite et elles introduisent la petite clé dans la serrure en ayant l'intention de ne jeter qu'un rapide coup d'œil dans la pièce. Mais la porte s'ouvre toute grande, et, effarées, les jeunes femmes découvrent des cadavres tandis que l'enfant de Marie se trouve face à la splendeur de la Trinité. Malgré leurs efforts, elles ne peuvent dissimuler leur forfait : les clés des jeunes épouses sont tachées de sang et le doigt de l'enfant de Marie est couvert d'or.

Après diverses épreuves et menaces de mort, elles ont toutes la vie sauve et l'avenir s'annonce radieux pour elles. Un conte de Mme d'Aulnoy, *Le Rameau d'or*, souligne également l'importance de la clé : les héros, le prince Torticoli puis après lui la princesse Trognon, trouvent une vieille armoire dépourvue de serrure, abandonnée dans un donjon.

Ayant réussi à l'ouvrir à l'aide d'un tire-bourre en or, ils découvrent que cette armoire est en fait un merveilleux cabinet dont les innombrables tiroirs de cristal et de pierres précieuses – il y en a quatre mille ! – contiennent des trésors inestimables, dont une très précieuse petite clé d'émeraude permettant d'ouvrir le guichet du fond de l'armoire. Et là dans une boîte en rubis se trouve une main d'homme ensanglantée qui tient le portrait de la fée Bénigne. Cette main appartient au prince Trasimène dont la fée était amoureuse, au grand dam d'un perfide enchanteur qui l'a endormie pour deux cents ans et a transformé Trasimène en aigle après lui avoir coupé la main qui tenait le portrait.

Le destin a réservé au prince Torticoli et à la princesse Trognon de délivrer la fée et son amant de leur enchantement, lesquels doivent par la suite exaucer les vœux les plus secrets de leurs bienfaiteurs. Mais cela est une trop longue histoire.

13. Grimm, *L'Enfant de Marie*, *L'Oiseau d'Ourdi*.

Mélusine, condamnée par sa mère, la fée Présine, à être « tous les samedis serpente en dessous du nombril », selon le manuscrit de *La Noble Histoire de Lusignan*.

« La reine se rendit dans une chambre sombre et isolée où personne n'allait jamais et y prépara une pomme empoisonnée. » (Grimm, *Blanche-Neige*.)

Pour la naissance de sa fille, le roi organisa une grande fête et y convia « les Fées qui offrirent à l'enfant de fabuleux cadeaux : l'une la vertu, l'autre la beauté, la troisième la richesse et ainsi de suite, tout ce qui est désirable au monde. » (Grimm, *La Belle au bois dormant.*)

La bonne sœur
« Je vous donne pour don, dit la Fée, qu'à chaque parole que vous direz il vous sortira de la bouche ou une fleur ou une pierre précieuse. » (Perrault, *Les Fées.*)

La mauvaise sœur
« Je vous donne pour don, dit la Fée sans se mettre en colère, qu'à chaque parole que vous direz il vous sortira de la bouche ou un serpent ou un crapaud. » (Perrault, *Les Fées.*)

« Le conte de Peau d'Âne est difficile à croire, mais tant que dans le monde on aura des enfants, des mères et des mères grands, on en gardera la mémoire. » (Perrault, *Peau d'Âne*)

« Sa marraine ne fit que la toucher avec sa baguette, et en même temps ses habits furent changés en des habits de drap d'or et d'argent, tout chamarrés de pierreries. » (Perrault, *Cendrillon.*)

Les elfes, compagnons des fées.

C'est la nuit que les elfes sortent
Avec leur robe humide au bord
Et sur les nénuphars emportent
Leur valseur de fatigue et de mort

Théophile Gautier

La fée Clochette qui permit à Wendy et ses frères de suivre Peter Pan au Pays imaginaire. (*Peter Pan*)

« Oh ! ma petite fée… Oh ! ma bonne petite fée… Dites-moi que c'est vous… Que c'est bien vous… Ne me faites plus pleurer ! J'ai tant pleuré… Si vous saviez ! Tant pleuré… » (Carlo Collodi, *Pinocchio.*)

« Elle monta dans un char de corail, enrichi d'émeraudes, tiré par six chevaux blancs, plus beaux que l'attelage du soleil. » (Mme d'Aulnoy, *Fortunée.*)

« Vous me voyez, Madame, exact à tenir ma parole et je ne doute point que vous veniez ici pour exécuter la vôtre et me rendre, en me donnant la main, le plus heureux des hommes », dit Riquet. La princesse hésite, la fée veille. (Perrault, *Riquet à la houppe.*)

Le tournoi à la cour de la grenouille bienfaisante.

« Le meunier aperçut une belle femme qui s'élevait lentement hors de l'eau. Ses longs cheveux qu'elle retenait d'une main délicate sur ses épaules ruisselaient de part et d'autre. » (Grimm, *La Nixe de l'étang.*)

De gauche à droite, Clotho, Lachésis et Atropos président depuis l'Antiquité à la vie des hommes.

Tous ces contes nous montrent donc une fée-clé qui met à l'épreuve de tout jeunes adultes et qui en même temps les protège. Beaucoup ont voulu voir dans ce type de conte une possible réminiscence d'épreuves d'initiation féminine, peut-être le « souvenir » d'excisions à des époques très anciennes, tant il est clair que le mystère devant lequel se trouvent ces jeunes filles est celui du passage de l'enfance à la vie adulte, passage mystérieux et angoissant entre tous puisqu'il s'accompagne de sang. La clé ouvre les portes d'une nouvelle vie.

Les fées ont-elles du cœur ?

Si, à l'image de la Vierge, les *noble fairies* sont bonnes et viennent en aide à ceux dont le cœur n'est pas endurci, à ceux qui restent fidèles à leurs rêves et qui ne cessent de croire à la chance, ainsi que l'écrit Édouard Brasey, à l'image des divinités antiques, elles ont une vie sentimentale que la poésie courtoise a largement contribué à divulguer : « Vous savez bien, dit Viviane à l'enchanteur Merlin, que le grand amour que j'ai en vous m'a fait laisser père et mère pour vous tenir entre mes bras jour et nuit. Tout est en vous, ma pensée et mon désir. Je n'ai sans vous ni joie ni bien et j'ai mis en vous toute mon espérance. »

À l'instar de Mélusine, elles n'hésitent pas à s'unir à des humains mais en posant certaines conditions : « Vous me jurerez, sur tous les serments qu'un homme probe doit faire, que jamais vous ne tenterez de me voir le samedi ni de savoir ce que je fais ni où je suis. »

Leurs sentiments peuvent être si violents qu'ils « rendent leur tendresse incommode » et qu'elles finissent par agir comme des sorcières lorsqu'elles s'estiment trompées ou lésées.

C'est ce qui se passe avec la vieille fée de cinquante ans qui n'a pas été invitée à la naissance de la Belle au bois dormant et qui, pour se venger, lui jette un sort, ou avec toutes les fées qui ont été méprisées lorsqu'elles étaient apparues sous forme de vieilles femmes. Un prince est transformé en mouton pour n'avoir pas voulu aimer la fée Ragotte qui lui demandait son cœur : « Mes yeux te l'ont demandé mille et mille fois ; tu ne les a pas entendus, ou pour mieux dire, tu n'as pas voulu les entendre… aimemoi, je serai ta petite Ragotte[14]. » La fée du désert tombe folle amoureuse du Roi des mines d'or qu'elle enlève et tente en vain de séduire. La fée Bénigne s'amourache du prince Trasimène, tandis que l'affreuse Reine des Météores, « grande et vieille fée d'une horrible maigreur [dont] les yeux ressemblaient à deux lampes éteintes..., les bras étaient comme des lattes, les doigts comme des fuseaux », menace de jeter la princesse Brillante (la princesse Trognon dont la vertu a été récompensée) aux tigres si le prince Sans-Pair (le prince Torticoli qui a été transformé en une sorte de prince charmant) refuse de l'épouser.

Heureusement, elles ne sont pas toutes aussi excessives. Mais elles ont besoin des humains et se désolent quand elles se sentent rejetées ou simplement mal-aimées.

« Nous autres fées, qui possédons des trésors et des richesses immenses, nous ne cherchons pour la douceur de la vie que de l'amitié et nous en trouvons rarement [...]. On ne nous aime que par intérêt et cela ne nous touche guère », dit tristement la Bonne Petite Souris.

À côté de ces fées toutes-puissantes, de ces fées qui contrôlent le destin de chacun, il y a une foule d'êtres merveilleux, plus ou moins influents, plus ou moins bons, plus ou moins méchants, souvent malicieux, qui se mêlent à la vie des humains, qui tentent de contrecarrer les actions des fées ou au contraire qui les aident. Ils incarnent les forces mystérieuses qui nous entourent. Aussi les trouve-t-on généralement dans les bois, sous les montagnes, près des étendues d'eau, dans les airs.

Les comparses des fées

Les lutins

Parmi eux, les plus charmants sont sans conteste les lutins. La fée Gentille qui propose à Léandre de le transformer en lutin les décrit ainsi : « Vous êtes invisible quand il vous plaît, vous traversez en un instant le vaste espace de l'univers, vous vous élevez sans avoir des ailes, vous allez au fond de la terre sans être mort ; vous pénétrez les abîmes de la mer sans vous noyer, vous entrez partout, quoique les portes

14. Mme d'Aulnoy, *Le Mouton.*

et les fenêtres soient fermées et dès que vous le jugez à propos vous vous laissez voir sous votre forme naturelle[15]. »

Ainsi transformé en lutin, Léandre s'empresse de corriger le méchant prince Furibon, de faire le bonheur de deux amants que l'on avait séparés, de tirer la pauvre Abricotine des mains des voleurs, et toutes ces bonnes actions lui permettent de se faire aimer de la princesse de l'île des Plaisirs tranquilles et d'obtenir sa main.

Les petits lutins de Grimm, dans le conte du même nom, ne sont pas moins serviables puisqu'ils viennent nuitamment au secours d'un cordonnier « qui était devenu si pauvre, sans qu'il y eût de sa faute, qu'à la fin, il ne lui resta plus de cuir que pour une seule et unique paire de chaussures ».

Ils arrivent à minuit, prennent les pièces que le cordonnier avait taillées avant de se coucher et montent, piquent, cousent et clouent les chaussures de façon si parfaite qu'elles se vendent un bon prix le lendemain et que le cordonnier peut acheter de quoi faire deux paires de souliers.

La même scène se reproduit toutes les nuits, la clientèle du cordonnier augmente et peu avant Noël le cordonnier et sa femme jouissent d'une confortable aisance. Un autre lutin, Outroupistache, vient au secours de la fille du meunier qui en une nuit doit filer en or des montagnes de paille.

Les nains

Un peu moins aimables sont les nains, surtout présents dans les contes de Grimm. Certains même sont carrément odieux, tel le nain du conte *Neigeblanche et Roserouge*, « vieux de figure et tout ridé avec une longue, longue barbe blanche », qui avait changé un prince en ours afin de lui voler son trésor. Peut-être est-ce dû à leur condition de vie qui est plus difficile que celle des lutins. Alors que ces derniers folâtrent d'un endroit à l'autre, les nains sont durs au travail. Ce sont eux qui réalisent les trois prouesses que le héros doit effectuer afin de pouvoir épouser la fille du roi : abattre une forêt, vider un étang, construire le plus beau château « que pourrait [...] imaginer un homme »[16].

Les nains qui acceuillent Blanche-Neige et tentent de la protéger de sa marâtre arrachent le fer et l'or à la mon-

15. Mme d'Aulnoy, *Le Prince Lutin*.
16. Grimm, *Prince et Princesse enfants de roi*.

tagne. C'est un nain qui, sous terre, garde les trois filles de roi condamnées à épouiller des dragons, après avoir mangé une pomme du verger de leur père.

Ils sont petits – évidemment –, aussi laids que le nain noir qu'affronte le futur Roi de la Montagne d'or, et d'un abord brutal : les nains de Blanche-Neige sont de rudes travailleurs qui ne connaissent pas les belles manières. Le nain que Grimm appelle le petit Gnome, gardien des filles du roi, ne consent à aider le chasseur qui les délivrera qu'après avoir reçu une solide fessée.

Néanmoins, ils sont de précieux auxiliaires pour les fées. C'est un nain qui chausse ses bottes de sept lieues pour aller avertir la fée qui se trouve à douze mille lieues de là, au royaume de Mataquin, de l'endormissement de la Belle.

Les nains de Blanche-Neige tentent par tous les moyens de lui rendre la vie afin que l'heureux dénouement prévu par les fées puisse avoir lieu ; le nain gardien des princesses signale au chasseur tous les pièges qu'il devra déjouer pour les délivrer, et le nain noir favorise en secret les desseins du Roi de la Montagne d'or tandis qu'un autre petit homme « gris de fer » protège tant Jean-le-Sot que ce dernier finira par devenir roi.

Un dernier nain mérite d'être cité, celui qui indique au cadet des fils du roi l'emplacement de la source de l'Eau de la vie et lui donne les moyens d'y parvenir parce qu'il s'était conduit convenablement envers lui[17].

Les nains sont également présents dans les contes de Mme d'Aulnoy, mais bien que tout aussi laids ils sont plus aimables.

Le nain monté sur un éléphant qui apporte à la princesse Printanière des cadeaux de mariage accepte avec plaisir des rubans de toutes les couleurs dont il se fait des jarretières et qu'il met à son chapeau. Quant au Nain jaune, il connaît tous les tourments du cœur et ne souhaite qu'épouser la princesse Toute-Belle. Ce en quoi il diffère des autres nains qui tous sont insensibles au charme des princesses qu'ils côtoient.

17. Grimm, *L'Eau de la vie.*

Les « serviteurs »

À l'autre extrémité de l'échelle des tailles, on trouve quelques hommes exceptionnels qui ne sont pas qualifiés de géants, et encore moins d'ogres. Mme d'Aulnoy et Grimm, plus tard, les appellent tout simplement « serviteurs ».

Ces serviteurs ont été doués par les fées de caractéristiques physiques tout à fait exceptionnelles qu'ils mettent au service de ceux qui le méritent. Certains pourvus d'une force incroyable arrachent les arbres comme d'autres des mauvaises herbes et abattent seuls, en quelques heures, une forêt entière.

D'autres ont une vision si développée qu'ils peuvent faire sauter l'œil gauche d'une mouche qui vole à deux lieues de là ou tuer tout gibier qui se trouve à quatre lieues. Il y en a qui courent si vite, si vite, qu'ils doivent s'attacher les jambes ou même s'en décrocher une pour ne pas devancer leur proie. Ou bien leur ouïe est si fine qu'ils entendent l'herbe pousser.

On rencontre également des hommes capables de boire un étang tout entier et de rester sur leur soif, de manger soixante mille pains et d'avoir encore faim ; de se dilater ou de s'étirer de manière à être trois mille fois plus gros et plus grands et de faire tourner un moulin par leur seule respiration[18].

Les adversaires des fées

Les lutins et quelquefois les nains ne sont pas toujours amicaux vis-à-vis des humains. Il leur arrive de leur tendre des pièges, de retarder la réalisation d'un souhait. Mais ils sont en général de connivence avec les fées.

En revanche, d'autres créatures sont leurs ennemies déclarées. Les nixes par exemple, appelées aussi dames du lac, vivent dans les eaux d'où elles tendent des pièges aux enfants, les capturent et les forcent à travailler.

Dans le conte de Grimm *La Nixe*, les enfants ainsi piégés ne pourront s'échapper que par ruse en faisant preuve de beaucoup de courage et avec l'aide néanmoins de trois

18. Voir Mme d'Aulnoy, *Belle-Belle et le chevalier Fortuné*, et Grimm, *Six à qui rien ne résiste*, *L'Oie d'or*, *Les Six Serviteurs*.

Aladdin et la lampe magique

Lorsque ce fut la sept cent trente et unième nuit, Schahrazade dit : « Il m'est revenu, ô Roi fortuné, ô doué de bonnes manières, qu'il y avait – mais Allah est plus savant – en l'antiquité du temps et le passé des âges, dans une ville d'entre les villes de la Chine, dont je ne me rappelle pas le nom pour l'instant, un homme qui était tailleur de profession, et pauvre de condition. Et cet homme avait un fils nommé Aladdin... qui paraissait être dès son enfance un gamin bien fâcheux. » Mais il était beau, bien fait, séduisant et ne savait pas qu'il était destiné par les puissances magiques à vivre des aventures prodigieuses. En attendant, il vivait insouciant et pauvre avec sa mère.

Or il y avait au Maghreb un sorcier très versé dans l'art de la sorcellerie qui avait découvert « dans un endroit inconnu de la terre, une lampe extraordinairement magique dont la vertu était de rendre plus puissant que tous les rois et les sultans l'homme assez heureux pour en devenir le possesseur ». Mais cette lampe magique, ainsi que le trésor qui gisait à côté d'elle, étaient destinés à Aladdin. Le sorcier manœuvra pour approcher Aladdin, et lorqu'il l'eût trouvé et mis en confiance il lui demanda de bien vouloir se glisser dans un souterrain voisin de la ville et de lui rapporter une vieille lampe qu'il y avait oubliée. Ainsi fut fait, mais le sorcier se montra si brutal et si pressé de récupérer cette vieille lampe qu'Aladdin pris peur et refusa de sortir. De rage, le sorcier ferma le souterrain oubliant qu'il lui avait donné un anneau pour le protéger des dangers qu'il aurait pu rencontrer dans le souterrain. Enfermé dans le noir du souterrain, ayant compris qu'il avait été le jouet d'un sorcier, Aladdin pleurait et se tordait les mains de douleur. En agissant ainsi, il fit tourner l'anneau et... un gigantesque génie apparut et se mit à ses ordres. Terrifié mais n'ayant pas le choix, il lui demanda de le faire sortir et il se retrouva à l'air libre à peine avait-il prononcé ce vœu. Il retourna auprès de sa mère et la vie reprit son cours jusqu'au moment où l'argent vint à manquer de façon dramatique. Alors la mère se résolut à vendre la seule chose qu'il leur restait : cette vieille lampe de cuivre qu'Aladdin avait apportée lors de son aventure avec le sorcier. Elle entreprit de la nettoyer pour la rendre plus présentable et alors qu'elle la frottait à tour de bras un monstrueux génie jaillit et lui demanda ce qu'elle désirait. La pauvre femme s'évanouit de terreur et Aladdin qui avait fait une expérience semblable quelque temps auparavant demanda de quoi manger. « Un grand plateau d'argent massif [apparut] sur lequel étaient rangés douze plats d'or pleins de mets odorants et exquis au goût et à la vue, avec six pains tout chauds et blancs comme neige et dorés en leur milieu, deux grands flacons d'un vieux vin clair et excellent... » De ce jour, la vie d'Aladdin changea du tout au tout. Grâce au génie de la lampe il obtint tout ce qu'il désirait, tout, y compris la main de Badrou'l-Boudour « la perle unique, la merveilleuse, la bienfaisante, la pleine lune des pleines lune », la fille du sultan et ses aventures furent si prodigieuses et si nombreuses qu'il fallut quarante nuits à Schahrazade pour les conter dans le détail au roi Schahriar.

(*Les Mille et une Nuits*, contes traduits par Joseph Charles Mardrus, Robert Laffont, coll. « Bouquins »)

objets magiques – une brosse qui se transforme en une immense montagne recouverte de forêts, un peigne qui devient une crête pleine d'arêtes et un miroir qui se change en une montagne de glace aux parois brillantes, polies et lisses que la nixe est incapable d'escalader.

Les ondines sont de la même espèce et Grimm nous raconte l'histoire terrible de ce meunier qui imprudemment avait promis son fils à une ondine en contrepartie d'une prospérité retrouvée. Bien décidé à ne pas tenir sa promesse, il avait veillé à ce que l'enfant ne s'approche jamais de l'étang d'où une main pouvait sortir et le tirer au fond. L'enfant devenu adulte avait appris l'art de la chasse, s'était marié et avait totalement oublié les recommandations de son père. Si bien qu'un jour, ayant abattu un chevreuil, il alla se laver les mains dans l'étang et « l'ondine surgit toute souriante, l'enlaça de ses bras mouillés et l'entraîna si vite, qu'il fut comme englouti sous les eaux qui l'ensevelirent[19] ».

Mais beaucoup plus nombreux et puissants sont les ogres et les sorcières. Comme les fées, ce sont des êtres merveilleux dotés de grands pouvoirs. Mais, à l'inverse des fées, ils ne sont pas tout-puissants : leurs actions sont toujours contrariées par les fées.

19. Grimm, *L'Ondine dans son étang.*

Les ogres

Les ogres sont presque dans tous les contes. Ce sont d'affreux géants qui vivent seuls ou en couple avec une ogresse non moins affreuse ou en petits groupes. Leur rôle est d'arrêter la progression des hommes ou des enfants dans la forêt. Mais comme ils sont d'une bêtise crasse, qu'ils boivent et mangent trop, ce qui leur donne envie de dormir, les héros en viennent assez facilement à bout. Ils font finalement plus de peur que de mal.

Le plus célèbre d'entre eux est l'ogre que rencontrent le Petit Poucet et ses frères lorsque, perdus dans la forêt, mourant de faim et de fatigue, ils arrivent devant une petite maison, la maison de l'ogre.

La femme de l'ogre, qui est une femme de cœur, se laisse convaincre de les abriter pour la nuit, pensant que le mouton qui est en train de rôtir dans la cheminée suffira à calmer la faim de son ogre d'époux. Mais les ogres aiment la chair fraîche, c'est-à-dire la chair humaine, et celui-ci a tôt fait de renifler la présence des sept petits garçons. Sa femme arrive à le convaincre qu'il vaut mieux les engraisser et les servir plus tard, pour une occasion exceptionnelle.

L'ogre finit par en convenir et tout le monde va se coucher, l'ogre et sa femme, leurs sept filles qui sont de petites ogresses et les sept petits garçons.

Cependant, le Petit Poucet, prend la précaution de mettre sur sa tête et celles de ses frères les couronnes d'or qui ornent les têtes des petites ogresses.

Bien lui en prend, car l'ogre se réveille au milieu de la nuit et, ne pouvant résister au désir d'une petite douceur, prend son couteau et égorge l'une de ses filles, croyant égorger un des petits garçons puisqu'elle n'avait pas de couronne.

Mme d'Aulnoy nous livre une histoire d'ogres encore plus réjouissante[20]. Elle nous emmène en Ogrelie, un pays assez agréable où n'habitent que Ravagio et Tourmentine, un ogre et une ogresse « aussi goulus l'un que l'autre », aussi hideux l'un que l'autre « avec leur œil louche placé au milieu du front, leur bouche grande comme un four, leur nez large et plat, leurs longues oreilles d'âne, leurs cheveux hérissés et leur bosse devant et derrière ».

20. Mme d'Aulnoy, *L'Oranger et l'abeille*.

Dans un bateau qu'une tempête a jeté sur les rives de leur pays, ils trouvent une petite princesse si jolie qu'ils décident de l'élever pour la marier plus tard à un de leurs ogrelets de fils, pensant qu'« ils feront des ogrichons d'une figure extraordinaire ».

C'est ainsi que la princesse Aimée passa son enfance et son adolescence au milieu des ogrelets et des ogrelettes, des ogrichons et des ogrichonnes, vêtue d'une peau de tigre, les bras demi-nus, ses cheveux blonds attachés avec un cordon de jonc marin. Et grâce à la fée Trusio elle échappa au mariage détestable que le couple d'ogres lui avait réservé.

Les géants

Chez Grimm, les ogres sont absents, remplacés par des géants aussi impressionnants et tout aussi stupides, simplets et à l'esprit obtus selon les termes de Grimm, ce qui les rend finalement inoffensifs. Ils se laissent berner par le premier venu.

À peine l'un deux voit-il la ceinture du petit tailleur sur laquelle celui-ci avait brodé « Sept d'un coup », qu'il accorde de la considération à celui qu'il venait de traiter d'avorton et de pauvre guenille. Pas une seconde il ne s'est demandé de quoi il s'agissait et il se retrouve ainsi aux ordres du petit homme qui finira par lui enlever la vie par ruse. Un géant colossal se laisse également berner par un autre tailleur tout aussi astucieux et il finit par en avoir si peur « qu'il ne put fermer l'œil de la nuit ».

Gourmands, des géants chargés de surveiller une princesse se précipitent sans plus réfléchir sur la viande que leur présente Fernand-Loyal qui s'empresse d'enlever la jeune fille dont le roi est amoureux et de la lui ramener.

Les géants ont parfois un soupçon de bon sens et reconnaissent que « les petits humains ont plus de jugeote qu'eux autres ». Ils leur demandent donc leur aide quand ils n'arrivent pas à leurs fins.

Ainsi font trois frères géants qui ne parviennant pas à se mettre d'accord sur l'héritage de leurs parents. Ils confient à un homme qui passait par là – et qui est en fait le Roi de la Montagne d'or – le soin de partager l'héritage : une épée magique, un manteau d'invisibilité et une paire de bottes enchantées.

Bien évidemment, le Roi berne les trois géants en se saisissant des trois objets sous le prétexte de vérifier leur bon état de fonctionnement et ils se retrouvent Gros-Jean comme devant.

Beaucoup plus grave est l'aventure qui arrive aux trois géants qui supplient un chasseur de les accompagner pour aller enlever une princesse cloîtrée dans un donjon. Comme ils ne voient pas plus loin que le bout de leur nez, ils n'imaginent pas que le chasseur puisse avoir pitié de la jeune fille et qu'il puisse les tuer. « Comment pourrais-je livrer cette innocente vierge au pouvoir de ces sauvages géants qui n'ont que le mal en tête[21] », se dit le chasseur, qui les attire dans un piège et leur coupe la tête.

Un autre, amoureux, avoue au Prince qui n'avait peur de rien qu'il était incapable de trouver l'Arbre de vie et de rapporter la pomme que lui réclamait sa fiancée. Il lui demande donc d'aller à sa place à la recherche de l'Arbre de vie et de rapporter la pomme, sans imaginer que la ruse était trop grossière et que la dame de son cœur ne s'y laisserait pas prendre.

Les sorcières

Les adversaires des fées les plus coriaces sont les sorcières, qui connaissent et pratiquent la magie. Elles arrivent toujours à mettre les fées en difficulté, à leur mettre des bâtons dans les roues car elles sont méchantes et n'ont qu'un but : « attirer le malheur sur les gens pour les précipiter à leur perte ».

Elles se présentent généralement comme des vieilles femmes laides – « une vieille femme toute tordue, maigre et jaune, avec de gros yeux rouges proéminents, et un nez si crochu qu'il lui touchait la pointe du menton », précise Grimm dans le conte *Yorinde et Yoringue* –, mendiant un peu d'argent ou une aide quelconque.

Elles vivent d'ordinaire dans une masure au fond de la forêt où, telle une araignée dans sa toile, elles attendent leur proie.

La vieille « plus vieille que les pierres, béquillant sur sa béquille », qui ouvre sa porte à Jeannot et à Margot « était

21. Grimm, *Le Parfait Chasseur.*

une méchante sorcière qui guettait les enfants, et c'était sûrement pour les attirer qu'elle avait construit sa maisonnette de pain d'épice. Une fois qu'ils étaient en son pouvoir, elle les tuait, les faisait cuire et les mangeait, ce qui était pour elle un jour de fête ». Elles sont souvent riches : la Vieille dans la forêt a « une quantité de bagues très précieuses, de merveilleux bijoux montés de pierres fines, de brillants extraordinaires, de pierres les plus rares et les plus éclatantes » ; la sorcière que rencontre un soldat licencié par le roi a accumulé des trésors au fond d'un puits, tout comme la sorcière du conte d'Andersen, *Le Briquet,* qui possède trois énormes coffres, l'un rempli de pièces de cuivre, l'autre de pièces d'argent et le troisième de pièces d'or.

Cependant, lorsqu'on les prend individuellement, on se rend compte que les sorcières sont toutes très différentes. D'abord par leur mode d'action : certaines tentent d'empoisonner leurs victimes alors que d'autres préfèrent leur enlever leur humanité en les métamorphosant. Si la plupart sont laides, certaines au contraire sont d'une beauté souveraine.

La plus célèbre est bien entendu la marâtre de Blanche-Neige, qui n'a de cesse que d'interroger son miroir : « Miroir, gentil miroir, dis-moi, dans le royaume / Qui est la femme la plus belle ? » Tant que le miroir la rassure, la reine est heureuse, mais dès qu'elle se sent menacée par la beauté de Blanche-Neige devenue adolescente, dès qu'elle voit en elle une rivale, elle perd la tête.

Sa première réaction est de faire exécuter Blanche-Neige par un chasseur. C'est tellement plus simple de charger un tiers de faire les basses besognes ! Mais c'était sans compter sur la beauté de Blanche-Neige et la pitié du chasseur.

Lorsqu'elle apprend par son miroir que Blanche-Neige est vivante et au moins mille fois plus belle qu'elle, elle décide de passer elle-même à l'action. Se déguisant en colporteuse, elle se rend chez les sept nains auprès desquels Blanche-Neige a trouvé refuge, la tente avec de magnifiques rubans de soie multicolores auxquels la jeune fille ne résiste pas et l'étrangle. Mais les nains arrivent *in extremis* pour dénouer les rubans et ressusciter la jeune fille. Ce n'est qu'après cet échec que la reine assume enfin sa qualité de sorcière.

Elle commence donc par offrir à la jeune fille un peigne empoisonné qui la foudroie ; mais les nains parviennent de nouveau à la sauver de justesse. « Alors elle alla s'enfermer dans une chambre secrète où personne n'entrait jamais, et là elle confectionna un terrible poison avec lequel elle fit une pomme empoisonnée, mais alors empoisonnée ! ... Une seule bouchée et c'était la mort. »

C'est également grâce « à des préparations et à des décoctions qui donnèrent un breuvage » qu'elle lui fait ingurgiter qu'une autre sorcière récupère le cœur d'oiseau qu'un soldat avait avalé. Car ce cœur avait la propriété de procurer tous les matins une pièce d'or à celui qui le possédait dans son corps[22].

Pourtant, comme Circé, qui, dans la mythologie grecque, transforme les compagnons d'Ulysse en pourceaux, la sorcière préfère le plus souvent jeter un sort au héros et le transformer en objet ou en animal. C'est ainsi que dans deux contes similaires deux jeunes rois subissent la même transformation. Chassant dans de profondes forêts, l'un poursuivant une biche blanche, l'autre un grand cerf, ils se perdent tandis que la nuit tombe.

L'un, dans le conte des *Deux Frères*, se fait un bon feu pétillant et invite une vieille femme grelottante à venir s'y réchauffer. L'autre, dans le conte des *Enfants d'or*, se retrouve devant une petite chaumière où vivent une vieille femme et son chien. Ces deux vieilles femmes sont sorcières et s'empressent de changer les jeunes gens en statues de pierre. Le même sort est réservé à un troisième prince qui est transformé en un gros fourneau de fer abandonné au beau milieu d'une forêt. Toutefois, les sorcières préfèrent métamorphoser le héros en animal.

Une étrange grenouille récupère la balle d'or que la fille d'un roi a laissée tomber dans un puits et lui demande en remerciement de devenir sa compagne de jeux. La princesse fait mine d'accepter, mais il faut toute l'autorité du roi son père pour qu'elle tienne parole. Cependant, elle ne peut se résoudre à dormir avec « cette froide grenouille », elle la lance rageusement contre un mur et « ce qui retomba ne fut pas une grenouille, non ! c'était un prince aux beaux yeux pleins de tendresse que son père lui donna comme compagnon charmant et comme époux. « Alors il lui conta qu'il avait été ensorcelé par une méchante sorcière et que nulle autre qu'elle n'aurait pu le libérer des eaux de la fontaine. »

22. Grimm, *L'Âne-salade*.

Ce conte du *Roi Grenouille*, ainsi que tous ceux que nous avons déjà évoqués – *Les Sept Corbeaux, Les Douze Cygnes, Le Petit Âne, Frérot et Sœurette* –, montre que seul un amour fraternel, que ce soit un amour fraternel ou l'amour d'une femme, permet au héros d'échapper aux sorcières et de retrouver forme humaine.

Cette transformation d'un être humain en animal n'est cependant pas le propre des sorcières. Les nains l'utilisent parfois, comme cela se passe dans le conte de Grimm *Neigeblanche et Roserouge*.

Les fées de Mme d'Aulnoy utilisent également ce procédé. La fée Ragotte, la fée Soussio, outrées de ne pas être obéies par leurs protégés, agissent comme les sorcières et les transforment en animaux. C'est ce qui arrive au roi Charmant qui se refuse à épouser la vilaine Truitonne. La méchante fée Soussio le condamne à être oiseau pendant sept ans et soudain « le roi change de figure ; ses bras se couvrent de plumes ; ses jambes et ses pieds deviennent noirs et menus ; il lui croît des ongles crochus, son corps s'appetisse ; il est tout garni de longues plumes fines et déliées d'un bleu céleste ; ses yeux s'arrondissent et brillent comme des soleils ; son nez n'est qu'un bec d'ivoire, il s'élève sur sa tête une aigrette blanche qui forme une couronne, il chante à ravir ».

Mais bien souvent elles tentent par ce subterfuge de protéger les couples en danger, tels la princesse Aimée transformée en abeille, la princesse Constancia devenue colombe et le prince Constancio changé en pigeon, l'un et l'autre si heureux de leur nouvel état qu'ils décident de le conserver.

Ces transformations nous mènent au seuil d'un monde surnaturel, merveilleux et extraordinaire, un monde de conte de fées.

L'ours et l'homme

Le Noir, le Velu, le Terrible, le Tsar des rochers mais aussi la Patte de miel, la Pomme des bois, l'Oncle, le Grand-Père, Martin... Tous ces noms désignent l'ours avec lequel les hommes ont toujours entretenu des rapports singuliers et ambivalents, fondés sur l'attirance et le rejet. L'ours est présent dans les contes de Grimm, *L'Homme à la peau d'ours*, *Le Roitelet et l'ours*, *Neigeblanche et Roserouge*, dans les contes de la France de l'Est, tel le conte lorrain de *Jean de l'Ours*. Il figure sur le blason de la ville de Berne, en Suisse, rappelant que c'est avec l'aide de l'armée des ours que le roi de Berne put reprendre sa ville un moment sous la coupe d'un tyran sanguinaire L'ours est au centre de nombreuses légendes du Moyen Âge, les plus connues étant celles de *Jehan Paulu* et de *Valentin et Orson*, qui ont donné naissance au mythe de l'homme sauvage que l'on retrouve dans tout l'art médiéval, velu, chevelu, armé de sa massue.

Jehan Paulu, né dans une riche famille, avait décidé de se retirer et de vivre en ermite pour sauver l'âme de son aïeule. Il vécut pendant sept ans près de Toulouse, dans une grotte qui avait servi à une ourse longtemps auparavant, résistant victorieusement à toutes les tentations. Mais, un jour de tempête, il viole et tue la fille du roi de Toulouse qui s'était réfugiée près de lui. Après avoir fait disparaître le corps dans un puits, il quitte la forêt, erre longtemps, va à Rome pour tenter de trouver un réconfort et finalement revient à sa grotte et jure au Christ de ne plus marcher qu'à quatre pattes en pénitence de son action. Un jour de chasse, il est débusqué par les chiens du roi de Toulouse, qui, intrigué par cet être qui ressemble à un homme mais est couvert d'une épaisse toison et marche à quatre pattes, le ramène avec lui au château où il est l'objet de moqueries. Mais une chambrière arrive, portant un enfant de un an dans les bras, et l'enfant s'écrie : « Ô toi Jehan qui as tant souffert peines et travaux, ta pénitence est terminée. » À ces mots le pelage dont il était couvert tombe et Jehan avoue son forfait, sa vie d'ermite, sa vie d'errance, sa volonté de repentir. Le roi comprend que la jeune femme assassinée était sa fille et exige d'aller au puits. Là, Jehan appelle la jeune fille... qui répond car le Christ et ses saints l'avaient gardée en « grande joie ». Jehan fut fait évêque de Toulouse et mourut en grande sainteté lors d'un office.

Le roman de chevalerie *Valentin et Orson* a pour thème l'histoire des jumeaux mis au monde par Bellisant, reine de Constantinople, dans la forêt d'Orléans, alors qu'elle allait retrouver son frère Pépin. À peine avait-elle accouché qu'une ourse s'empara d'un des petits garçons et l'emmena dans sa grotte où elle l'éleva avec ses oursons. Il grandit, devint velu comme un ours et développa une force surhumaine qui terrifiait tous les villageois qui l'avait surnommé Orson. Son jumeau, Valentin, abandonné par sa mère terrorisée par l'ourse, avait été recueilli et élevé à la cour de Pépin qui en avait fait un parfait chevalier. Pour le remercier, Valentin décide d'aller combattre cet Orson dont il ignore bien entendu l'identité. Le combat entre le chevalier et l'homme ours est terrible, le sang coule à flots. Pour finir, Valentin propose à Orson de l'emmener avec lui et de faire de lui un véritablement homme. Orson accepte, ayant compris que « Valentin désirait son bien et par la volonté de Dieu et selon la voix de la nature qui ne peut mentir tendit les mains vers son frère », qui l'enchaîne et le ramène à la cour où il est rasé, habillé, éduqué, baptisé et finalement armé chevalier. Les deux frères qui ne connaissent toujours pas leurs liens de parenté vivent ensemble d'innombrables aventures. Un jour, enfin, ils apprennent qu'ils sont frères, enfants du roi de Constantinople et les conditions de leur naissance. Ils retrouvent leur mère, l'aident à reprendre sa place dans son royaume et, à sa mort, Orson devient roi de Constantinople. Il gouverna longtemps et de très sage façon et décida de terminer sa vie en ermite, « tant qu'après sa mort il fut saint canonisé et fit plusieurs miracles ».

(Voir J.-D. Lajoux, *L'Homme et l'ours*, Glénat, 1996 ; et C. Gaignebet et J.-D. Lajoux, *Art profane et religion populaire au Moyen Âge*, PUF, 1985.)

Monts et merveilles

Un conte se termine toujours sur une note radieuse : oubliés les problèmes quotidiens vitaux, le froid, la faim, l'angoisse du lendemain ; résolus les problèmes de filiation, de transmission. Le monde repart sur une base solide : le bonheur du nouveau couple durera autant que leur vie, et les méchants – fées, sorcières, nains – sont renvoyés dans leur foyer, si l'on peut dire. C'est le règne des bonnes fées, des *noble fairies,* et tout va pour le mieux dans le monde merveilleux.

Ce monde est aussi difficile à appréhender que la personne des fées, tant il est vrai qu'il siège dans le cœur de chacun, qu'il est totalement subjectif. Pour la famille du Petit Poucet ou celle de Jeannot et Margot, le conte de fées, c'est « être à son aise » et « vivre en perpétuelle joie » tandis que pour la femme d'un pêcheur c'est être l'égale de Dieu. Pour des amants, la vie ne devient un conte de fées que lorsque tombent les obstacles à leur amour.

Dans ces conditions, il est difficile de définir un univers féerique. Alors, comme nous avons traqué le réel dans les contes, nous allons tenter d'y traquer le féerique.

En quoi le château, la forêt sont-ils différents du château et de la forêt réels ? En quoi le château est-il différent de Vaux-le-Vicomte ou de Versailles qui pourtant ont fait rêver et font encore rêver ? En quoi les forêts diffèrent-elles des forêts où seigneurs et souverains chassaient à longueur d'année au grand dam des populations ? En quoi les poissons, les oiseaux n'ont-ils rien à voir avec les poissons, les oiseaux qui nous entourent ?

Le château merveilleux

Le château qui apparaît dans le cours du conte est un château enchanté. Tout d'or et d'argent, il n'abrite souvent « rien ni personne », ainsi celui où arrive le futur Roi de la Montagne d'or. Ou bien il semble ouvert à tous, comme le château du *Petit Gnome*. Les tables y sont abondamment garnies de mets toujours fumants bien qu'il n'y ait âme qui vive. Tout aussi inhabité semble le château où pénètre le Parfait Chasseur, qui y trouve cependant une princesse profondément endormie. Et ce n'est pas une princesse qu'un pauvre marchand, père de trois jolies filles, rencontre dans le château où il a trouvé refuge et réconfort après une épouvantable tempête de neige mais « une bête si horrible qu'il fut près de s'évanouir[1] » qui se fait appeler la Bête. Le château devant lequel arrive le Prince qui n'avait peur de rien est hanté et le jeune homme passe trois nuits épouvantables aux mains d'une multitude de diables qui n'ont de cesse que de le tourmenter. Les vitraux qui garnissent les fenêtres de la galerie du château – où le prince Torticoli a été enfermé après avoir refusé d'épouser la princesse Trognon – ont la particularité de prédire l'avenir à ceux qui savent les regarder et déchiffrer leurs messages[2].

Ce château enchanté est sujet à transformations. Tantôt, comme dans le conte de Grimm *Le Cercueil de verre*, il est miniaturisé, réduit à la dimension d'une maquette et placé dans un cercueil de verre, tantôt il est transformé en une petite maison forestière habitée par un vieil homme et ses trois animaux que seule « une jeune fille au grand cœur qui se montrerait charitable[3] » serait en mesure de délivrer.

Le château enchanté n'est souvent qu'un mirage : il apparaît soudainement, en réponse au souhait du héros. Mais il disparaît tout aussi soudainement si l'ordre du monde n'a pas été respecté. Ainsi en est-il de ce château que souhaite la femme du pêcheur[4]. Tant que son souhait a été raisonnable, il a été exaucé par le turbot. Désirait-elle quitter sa cabane, aussitôt, celle-ci devient une coquette chaumière. Dès qu'elle s'y sent à l'étroit, la chaumière devient un château. Et ce château grandit, au même rythme que le désir de la femme qui veut être reine, puis impératrice, puis pape. Mais tout s'écroule quand elle émet la prétention d'être semblable à Dieu. C'est également ce qui

1. Mme Leprince de Beaumont, *La Belle et la Bête*.
2. Mme d'Aulnoy, *Le Rameau d'or*.
3. Grimm, *La Maison forestière*.
4. Grimm, *Le Pêcheur et sa femme*.

se passe dans un autre conte de Grimm, *Les Enfants d'or*. Parce qu'il a accepté de rejeter à la mer un poisson d'or et qu'il a promis de garder le secret de sa bonne fortune, un pauvre pêcheur voit sa cahute transformée en un magnifique château. Mais, ne pouvant résister à la curiosité de sa femme, il lui confie d'où provient leur richesse et le château disparaît aussi soudainement qu'il était apparu.

Dans d'autres contes, le château est bien réel mais inaccessible. À peine la Belle au bois dormant a-t-elle touché le fuseau que tout le château s'endort avec elle et qu'« une haie d'épines se mit à pousser, qui chaque jour devint plus haute et touffue. Bientôt elle cerna complètement le château jusqu'à ce qu'on n'en vît plus rien, même pas le drapeau sur le toit [...]. Les épines tenaient entre elles comme par des mains. Les jeunes princes y restaient accrochés, sans pouvoir se détacher, et mouraient là, d'une mort cruelle. »

Le château de Fluentmont, que le héros du conte de Grimm *Le Corbeau* tente d'atteindre pour délivrer une princesse qui s'y trouve prisonnière, est au sommet d'« une abrupte montagne de cristal » dont l'ascension se révèle impossible, car « le peu qu'il réussissait à monter, il glissait aussitôt sur le cristal et retombait toujours d'où il était parti ». La princesse qui recherche le prince délivré du fourneau doit franchir un obstacle semblable mais rendu encore plus difficile parce qu'il est protégé par trois épées affilées et une grande eau[5].

Certains châteaux qui recèlent l'Eau de la vie sont gardés par des lions prêts à se jeter sur quiconque approche de la porte de fer. Y pénétrer requiert des qualités ou la possession de quelque talisman tels une barre de fer ou les deux petits pains dont se munit le prince à la recherche de l'Eau de la vie qui pourra sauver son père.

L'entrée du château du prince Mouton est défendue par une énorme pierre qui ferme une caverne d'où part un long chemin qui descend « si bas, si bas que [Merveilleuse] pensait aller au moins aux antipodes ; et elle avait peur quelquefois qu'il ne la conduisît au royaume des morts[6] ». Tout aussi souterrain est le château du conte de Grimm Les *Trois Princesses noires* : on ne le découvre que lorsque la montagne s'ouvre en deux.

On trouve aussi dans les contes des châteaux purement chimériques. La princesse Brillante, qui se rend près du

5. Grimm, *Le Fourneau.*
6. Mme d'Aulnoy, *Le Mouton.*

magicien pour lui demander de la délivrer de l'amour qui la rend si malheureuse, le trouve dans la salle de son château dont le décor est véritablement cauchemardesque. « Le jour n'y venait que par un petit trou ; elle était tapissée d'ailes de chauve-souris. Il y avait douze chats pendus au plafond qui lui servaient de lustres [...]. La porte était couverte de toiles d'araignée... Elle voulut s'asseoir par terre afin de se reposer un peu, elle sentit de longues épines qui la pénétraient[7]. »

Bien différents sont les châteaux de Percinet taillés dans le cristal ou celui de la Chatte blanche dont la « porte d'or couverte d'escarboucles [rubis] éclairait tous les environs[8] ».

Ces châteaux servent de cadre à des fêtes somptueuses, inoubliables. Les rois y donnent de grands bals qui peuvent durer jusqu'à trois soirs de suite, comme dans l'histoire de Cendrillon.

Des réjouissances sans fin accompagnent les noces au point que, selon Mme d'Aulnoy, « cinq ou six volumes ne suffiraient point pour décrire les comédies, les opéras, les courses de bagues, les musiques, les combats de gladiateurs, les chasses et les autres magnificences[9] ».

Mais les noces ne sont pas l'unique prétexte aux fêtes. Toutes les occasions sont bonnes pour organiser des parties de pêche et de chasse, des promenades en grand équipage, des bals et des festins.

Les fées rejoignent ces fêtes merveilleuses dans des chars dont la beauté est inimaginable tant elle surpasse celle des carrosses royaux.

La fée Bergère arrive au mariage de Belle-Belle « dans un char de perles et de topazes [tiré par] vingt-quatre moutons ; leur laine était de fil d'or et de cannetilles très brillantes ; leurs traits de satin cramoisi, couverts d'émeraude ; les escarboucles n'y manquaient pas, ils en avaient à leurs cornes et leurs oreilles » ; la fée Amazone se déplace dans un chariot de diamants traîné par des cygnes et la fée Bénigne apparaît dans une pompe sans pareille : « Quatre amours armés de pied en cape, l'arc au côté, le carquois sur l'épaule, soutenaient avec leurs flèches un petit pavillon de brocart or et bleu sous lequel paraissaient deux riches couronnes[10]. »

7. Mme d'Aulnoy, *Le Rameau d'or.*
8. Mme d'Aulnoy, *La Chatte blanche.*
9. Mme d'Aulnoy, *Le Prince Lutin.*
10. Mme d'Aulnoy, *Le Rameau d'or.*

Ces châteaux merveilleux sont entourés de jardins non moins merveilleux, et le plus beau est sans conteste celui du conte *Le Rameau d'or* : « Au lieu de sable, les allées étaient remplies de petites perles orientales plus rondes que des pois ; les roses étaient de diamants incarnats et les feuilles d'émeraudes ; les fleurs des grenades, de grenats ; les jonquilles, de brillants jaunes ; les violettes, de saphirs ; les bleuets, de turquoises ; les tulipes, d'améthystes, opales et diamants ; enfin la quantité et la diversité de ces belles fleurs brillaient plus que le soleil. » Tous ces châteaux enchantés ont un autre point commun : ils sont construits près ou au milieu d'une forêt car, nous indique-t-on, les rois sont de grands chasseurs... à l'image de Louis XIV !

La forêt enchantée

C'est le domaine de ces forces surnaturelles que sont les fées et leurs comparses, les sorcières et les mauvais génies dont les interventions changent soudain le cours d'une vie humaine.

Dans le premier cas, c'est une forêt protectrice : Blanche-Neige y grandit tranquillement jusqu'à ce que sa marâtre l'y découvre, tout comme les *douze frères* menacés de mort par la naissance de leur sœur.

Une pauvre servante qui avait échappé aux attaques de trois brigands s'y réfugie pendant un temps, trouvant chaque jour du lait et du pain au creux d'un arbre, un beau lit bien doux dans un autre et dans le troisième des « vêtements d'une telle magnificence que même les princesses n'en possèdent pas d'aussi beaux[11] ».

Une petite fille maltraitée par sa marâtre qui lui ordonne, en plein hiver, de lui apporter un panier de fraises voit soudain « tout plein de fraises bien mûres qui piquetaient la neige de leur rouge vif et chaud[12] ».

Et c'est dans la forêt que le pauvre prince Marcassin trouve l'amour de Marthésie qui le délivrera du sort dont il a été victime à sa naissance.

11. Grimm, *La Vieille dans la forêt.*
12. Grimm, *Les Trois Petits Hommes de la forêt.*

Cependant, les mauvaises fées disputent la forêt à leurs bienfaisantes consœurs et elle est alors ressentie comme un désert menaçant.

Mme d'Aulnoy fait bien ressortir cette ambivalence dans le début du conte *La Grenouille bienfaisante* : un roi en guerre contre ses voisins met sa jeune femme à l'abri dans un de ses châteaux « environné d'une épaisse forêt », où la reine ainsi éloignée de celui qu'elle aime ne voit « que de grands déserts qui lui donnaient plus de chagrins que de plaisirs ».

Mais c'est Grimm qui décrit le mieux cette forêt fabuleuse, omniprésente, oppressante et dangereuse. « La soirée était magnifique et le soleil couchant coulait de l'or entre les branches des arbres sous le vert sombre de la forêt ; dans le feuillage des hêtres centenaires, la tourterelle faisait entendre son chant plaintif... Yorinde et Yoringue se sentaient tout désemparés, bouleversés comme s'ils allaient mourir ; ils regardaient de tous côtés mais ils étaient perdus... »

Profonde, sombre, touffue, immense, la forêt se referme sur les héros, souvent des enfants qui y ont été de leur plein gré ou qui y ont été conduits par leurs parents.

La forêt, dans les contes, est le lieu où l'on se perd et où l'on perd ses repères. De nuit y brille souvent une lointaine lumière qui attire irrésistiblement les héros perdus, épuisés, affamés et terrorisés. De jour, c'est un oiseau blanc qui les mène à ces châteaux fabuleux renfermant une princesse endormie ou un horrible monstre.

Mais plus généralement les héros sont conduits vers une cabane enchantée. Souvent la maisonnette appartient à une vieille qui patiemment attend ceux qui se sont égarés : « Le garçon se mit en route et voilà qu'il se trompa de chemin et que le soir le surprit dans une grande forêt. Voyant une lumière dans l'obscurité, il s'y dirigea et arriva devant une petite chaumière. Quand il entra il n'y avait qu'une vieille femme qui se chauffait devant la cheminée et qui sursauta en le voyant là[13]. »

La même aventure arrive à l'un des enfants d'or qui, lancé à la poursuite d'un cerf, « ne sut plus où il se trouvait ; mais il vit devant lui une petite chaumière, dont il ne pouvait savoir que c'était la maison d'une sorcière. Il frappa à la porte et une vieille grand-mère sortit à petits pas en lui demandant ce qu'il voulait[14] ».

13. Grimm, *Le Diable et ses trois cheveux d'or.*
14. Grimm, *Les Enfants d'or.*

Une même vieille femme accueille un roi dans sa chaumière au milieu de la forêt et ne consent à l'aider que lorsqu'il promet d'épouser sa fille, une fort belle personne, qu'il ne pouvait cependant regarder sans « un frisson d'horreur[15] ». Car cette fille et sa mère sont des sorcières, comme toutes les vieilles femmes que rencontrent les voyageurs égarés dans la forêt. Parfois il s'agit même de la grand-mère du diable comme le sous-entend Grimm.

Il convient de s'en défier, recommande un corbeau à un homme « qui vint dans cette sombre forêt en suivant un chemin [...]. En continuant tout droit dans l'intérieur de la forêt, lui dit-il, tu vas trouver une maison où habite une vieille femme qui t'offrira à boire et à manger ; tu ne dois rien accepter[16] ».

C'est le même conseil que donne une colombe à la servante perdue dans la forêt après l'attaque des brigands : « Je vais te conduire à une petite maison ; tu entreras et il y aura là, devant la cheminée, une vieille femme qui te dira bonjour ; mais tu ne dois à aucun prix lui répondre un seul mot[17]. »

Dans la forêt de Brocéliande

« Quand Dyonas vit cette forêt, elle lui plut beaucoup, car elle était de moult grande beauté. Et il fut tant amoureux du lieu que près d'un lac ou d'un vivier où il y avait grande abondance de poissons, il fit faire une riche maison pour s'y héberger et avoir sa plaisance. Quand le manoir fut fait, il y vint demeurer et en ce lieu séjourna moult longuement... et de la nièce de la duchesse de Bourgogne qui lui fut donnée pour femme, il eut une fille, le premier enfant qui sortit d'elle, qui fut de très grande beauté et qui fut nommée Viviane. »

C'est cette Viviane que l'enchanteur Merlin – fils du Diable et d'une pucelle –, regagnant la cour du roi Arthur, trouve sur le bord « d'une moult claire fontaine dont le gravier frémissait si clair et si luisant qu'il semblait de fin argent. À cette fontaine belle et claire, Viviane venait chaque jour s'ébattre, s'amuser et passer le temps. »

15. Grimm, *Les Six Frères cygnes.*
16. Grimm, *Le Corbeau.*
17. Grimm, *La Vieille dans la forêt.*

Et tout fils du diable qu'il fût, Merlin tombe éperdument amoureux de Viviane et lui apprend tout ce qu'une fée doit savoir : faire couler une rivière dans tout lieu où elle le désire, endormir un homme aussi longtemps qu'elle le voudra, « et encore d'autres choses plus merveilleuses que cela ». Il lui offre également un château merveilleux, visible seulement d'elle seule et des siens, et dissimulé au regard des autres par les eaux d'un lac. C'est là que Viviane se retire et acquiert le surnom de Dame du Lac. C'est là également qu'elle élève l'enfant qu'elle a ravi : Lancelot du Lac, celui qui allait devenir le héros de la conquête du Graal.

Cette épopée celtique qui tisse l'histoire des Chevaliers de la Table ronde autour de la légende de l'enchanteur Merlin a été mise par écrit dès le XIIe siècle en Angleterre dans le but d'asseoir la légitimité des conquérants normands sur les peuples d'origine saxonne et l'autorité des Plantagenêt face aux souverains francs.

Tous les épisodes merveilleux de cette épopée se passent en Grande et en Petite Bretagne, c'est-à-dire en Angleterre où le roi Arthur tient sa cour et en Bretagne, dans la forêt de Brocéliande, où Merlin rejoint encore une fois la fée Viviane.

« Et ils séjournèrent ensemble un grand moment tant qu'il advint qu'un jour ils s'en allaient main à main dans la forêt de Brocéliande, qu'ils trouvèrent un buisson d'aubépine grand et beau, tout chargé de fleurs. Ils s'assirent à l'ombre, sur la belle herbe verte, et jouèrent et folâtrèrent à l'ombre. Et Merlin mit sa tête au giron de la demoiselle et elle commença à le masser tant qu'il s'endormit... Alors elle commença ses enchantements [et il se trouva] enclos dans la plus forte tour du monde », une tour sans murs, sans fer, une prison d'air d'où il ne sortit jamais plus.

La forêt de Brocéliande est ainsi entrée dans l'imaginaire français par le biais de vieilles légendes celtiques qui ont servi aux rois anglo-normands à asseoir leur autorité.

L'étang du Pas du Houx, le château de Camper et surtout la fontaine de Barenton gardent le souvenir de la fée et du vieux druide qui y dort « au murmure des eaux et du vent qui gémit dans les bruyères alentour », comme l'écrivait un visiteur du tombeau de Merlin, en 1837.

(C. Gaignebet et J.-D. Lajoux, *Art profane et religion populaire au Moyen Âge*, PUF, 1985.)

Une faune fabuleuse

Aux portes de ces châteaux merveilleux, au cœur de cette forêt enchantée, au fond des étangs et de la mer, vivent toutes sortes d'animaux fabuleux. Ils sont des acteurs essentiels des contes merveilleux et ils sont très différents des animaux des fables qui ne sont que des métaphores morales.

Les animaux des contes prêtent leur apparence aux fées et elles-mêmes, tout comme les sorcières, transforment le héros en animal soit pour le mettre momentanément à l'abri d'un danger, soit pour le punir. Et Mme d'Aulnoy cite ces fées « qui se chagrinèrent de voir des personnes tombées dans des défauts essentiels. Elles les mirent en pénitence ; elles firent des perroquets, des pies, des poules, de celles qui parlaient trop ; des pigeons, des serins, des petits chiens, des amants et des maîtresses ; des singes de ceux qui contrefaisaient leurs amis ». Si bien qu'il est souvent difficile, quand on rencontre un animal, dans un conte, de connaître sa nature réelle. Est-ce un animal-animal pourrait-on dire ? Est-ce un être merveilleux, une fée ? Est-ce un mortel momentanément transformé ? Ce n'est pas toujours évident. Il est difficile de faire la distinction entre de véritables corbeaux et les *douze frères* transformés en corbeaux parce qu'ils avaient tardé à apporter l'eau pour l'ondoiement de leur sœur nouvelle née ; entre les cygnes et les six fils du roi transformés en cygnes par leur marâtre. Et Neigeblanche et Roserouge bien que familières de l'ours qui a passé les nuits d'hiver dans leur maisonnette s'enfuient terrorisées lorsqu'il apparaît subitement dans la forêt et tue le vilain nain.

Le statut d'animal fabuleux ne fait aucun doute pour quelques animaux monstrueux que l'on trouve dans les contes de Mme d'Aulnoy, dont l'imagination est décidément débordante.

Ainsi, le Centaure bleu se nourrit d'un enfant tous les trois ans et, au moment de son apparition dans l'histoire de la princesse Carpillon, il a déjà dévoré six garçons et six filles. Le cheval vert du prince Moufy, tout aussi remarquable, court à une vitesse stupéfiante grâce à ses douze pieds et, avec ses trois têtes, il jette en même temps du feu, des bombes et des boulets de canon. Et puis il y a les dragons, bien sûr, qui « dévorent tout ce qu'ils rencontrent, qui empoisonnent les rivières et les fontaines où ils se désaltèrent et font sécher les herbes et les plantes sur lesquelles ils se reposent[18] ». Ils sont terrifiants tant ils sont gigantesques.

Celui qu'affronte le prince Moufy est long d'une demi-lieue, nous dit Mme d'Aulnoy, pourvu de six ailes, recouvert d'écailles bleues et de dards enflammés et « chacune de ses griffes était de la grandeur d'un moulin à vent et l'on voyait dans sa gueule béante trois rangs de dents aussi longues que celles d'un éléphant ». Le combat entre le monstre et le prince est si terrible que « la terre est couverte des dards, des griffes, des cornes, des ailes et des écailles[19] ». Certains de ces dragons enlèvent des princesses. L'un d'eux les garde prisonnières sur un rocher en pleine mer et il faut toute l'habileté de quatre frères pour les sauver et tuer l'horrible bête[20].

D'autres sont tellement redoutables, avec leurs sept têtes dont les sept gueules crachent des flammes, que le chasseur qui combat l'un de ces monstres près de dévorer la fille du roi doit faire appel à des animaux secourables pour en venir à bout.

Ces animaux sont un lièvre, un renard, un loup, un ours et un lion dont le chasseur a auparavant épargné les vies. Il est surprenant de trouver le loup dans cette liste, car le loup, associé dans notre esprit au Petit Chaperon rouge, a une image négative, cruelle. On le voit plutôt comme un ennemi de l'homme et non comme son allié, allant dérober avec ses compères les plats destinés au roi[21]. Est-il fée ? Est-il sorcière ? Pourquoi fait-il cela ?

Les animaux qui agissent ainsi le font par reconnaissance pour celui qui leur a épargné la mort. Ils sont comparables à toutes ces vieilles femmes qui témoignent de la commisération à celui qui les a respectées ou qui leur a apporté de l'aide et qui se révèlent dangereuses pour celui qui les a dédaignées. Mme d'Aulnoy nous donne un touchant exemple de la reconnaissance que peuvent éprouver les animaux pour celui ou celle qui leur manifestent de la bonté. Dans le conte *Le Pigeon et la colombe*, un géant a enlevé la princesse Constancia et son mouton Ruson et les a enfermés dans un sac. Dans ce sac se trouvaient déjà un chien, un chat, un coq et un perroquet. Constancia, qui a ses ciseaux pendus à sa ceinture, comme c'était la coutume à

18. Mme d'Aulnoy, *Belle-Belle ou le chevalier Fortuné*.
19. Mme d'Aulnoy, *La Grenouille bienfaisante*.
20. Grimm, *Les Quatre Frères habiles*.
21. Grimm, *Les Deux Frères*.

l'époque, fait un trou dans la toile du sac, libère tout le monde et le petit groupe s'enfuit dans la forêt car les animaux, « reconnaissants de la grâce qu'ils en avaient eue, ne voulurent point l'abandonner et la servirent utilement dans son voyage. Le chat avait les yeux si étincelants qu'il éclairait comme un flambeau ; le chien qui jappait faisait sentinelle ; le coq chantait pour épouvanter les lions ; le perroquet jargonnait si haut qu'on aurait jugé à l'entendre que vingt personnes causaient ensemble, de sorte que les voleurs s'éloignaient [...] ».

Bien qu'introduisant dans ses histoires nombre d'animaux fabuleux ou exotiques – singes, perroquets, éléphants, chameaux qui ravissaient les gens de la cour – le bestiaire des contes de Mme d'Aulnoy est relativement peu intéressant car la conteuse se préoccupe plus de ce qui relève de la vie physique et psychique de ses héros humains. Les contes de Grimm présentent un bestiaire beaucoup moins fantaisiste même s'il est tout aussi fantastique.

Dans le conte *La Reine des abeilles*, un jeune prince surnommé le Benêt fait route avec ses deux frères. En cours de chemin, il empêche ses frères de détruire par jeu une fourmilière et un essaim d'abeilles et de tuer des canards. Dans les trois cas, il dit à ses frères : « Ces bêtes ne vous ont rien fait et je ne supporterai pas que vous y touchiez. »

Peu après, il est récompensé de ses bonnes actions car les animaux reconnaissants lui prêtent leur concours pour accomplir les trois épreuves qui désenchanteront le château où ils arrivent : les fourmis rapportent les mille perles de la princesse dissimulées sous la mousse ; les canards vont chercher au fond du lac la clé de la porte de sa chambre et les abeilles désignent sans hésiter la princesse la plus jeune et la plus jolie qui par la suite deviendra sa femme.

Le même type d'aventure arrive au serviteur qui comprenait le langage des animaux depuis qu'il avait goûté à la terrine de serpent blanc. Parti découvrir le monde, il entend gémir et suffoquer trois poissons prisonniers des roseaux et les remet à l'eau ; il se détourne de sa route pour ne pas écraser une colonne de fourmis et tue son cheval afin de nourrir trois petits corbeaux chassés du nid par leurs parents et mourant de faim.

Ces bonnes actions sont récompensées quand l'homme, arrivé dans un royaume où une princesse désire se marier, se présente aux épreuves qu'elle impose à ses prétendants : les poissons remontent l'anneau d'or qu'elle a jeté au milieu de l'étang, les fourmis ramassent et ensachent en une nuit les tonnes de millet qu'elle a répandues sur les pelouses et les corbeaux lui apportent la pomme de l'Arbre de vie qu'elle désire. Il gagne ainsi la main de la princesse et vivra avec elle un bonheur parfait[22].

Un petit tailleur connaît lui aussi semblable bonheur : un roi lui accorde la vie sauve et la main de sa fille car il a pu retrouver sa couronne qui était tombée au fond de l'étang, construire en une nuit une maquette en cire si parfaite du château qu'il n'y manquait pas le moindre clou, apporter un bébé garçon à la reine qui n'avait que des filles et faire jaillir devant le château « un merveilleux jet d'eau haut comme un homme et clair comme le cristal ». Ce que le roi ne sait pas, c'est que le petit tailleur a reçu l'aide d'un couple de canards, d'un essaim d'abeilles, d'une cigogne et d'un jeune poulain roux envers lesquels il s'était montré bon et compréhensif et qui lui manifestent ainsi leur reconnaissance[23].

De tels actes de reconnaissance de la part d'animaux sont légion dans les contes et il serait fastidieux de les énumérer, d'autant que nous en avons déjà relevé un certain nombre : qu'on se souvienne par exemple du turbot qui réalise tous les vœux extravagants d'une mégère car son pauvre pêcheur de mari l'avait rejeté à l'eau bien qu'il constituât la seule prise de la journée[24].

D'autres animaux agissent non par reconnaissance mais par pitié, parce qu'ils sont proches des hommes quand ceux-ci sont humbles. C'est une grenouille qui permet à Simplet « qu'on tenait pour un complet idiot » d'accéder au trône royal en lui fournissant les trois choses réclamées par le roi son père : le plus beau tapis, la plus belle bague, la plus jolie femme[25].

C'est un renard qui sert de coursier au troisième fils du roi, celui auquel on ne fait pas confiance, pour aller à la poursuite de l'oiseau d'or. Et, bien que le prince ne suive pas ses conseils à la lettre, le renard ne lui en tient pas gré car le prince agit par pure gentillesse : « "Je devrais t'abandonner à ton malheur ! Mais j'ai pitié de toi et je

22. Grimm, *Le Serpent blanc.*
23. Grimm, *Les Deux Compagnons.*
24. Grimm, *Le Pêcheur et sa femme.*
25. Grimm, *Les Trois Plumes.*

veux t'aider encore une fois dans ta détresse." Et le renard tendit la queue, le prince s'y installa pour filer à une telle vitesse que le vent lui sifflait dans les cheveux[26]. »

Ce sont des aigles qui, dans le conte de Mme d'Aulnoy *La Princesse Carpillon* ou dans le conte de Grimm *Volé trouvé*, sauvent la vie et élèvent avec amour des petits garçons abandonnés : « [L'aigle] se mit proche de son nourrisson, elle étendit ses ailes et le réchauffa, il semblait que tous ses soins n'étaient plus que pour lui ; un instinct particulier l'engagea d'aller chercher des fruits, de les becqueter et d'en verser le jus dans la bouche vermeille du petit prince[27] ».

En fait, hors celui qui intervient dans le conte *Les Deux Frères*, dont il a été question plus haut, le loup est, à côté des dragons, le seul animal véritablement méchant et il n'apparaît que dans les contes du type du *Petit Chaperon rouge*. Cela n'a finalement rien d'étonnant car le loup semait la terreur dans les campagnes des Temps modernes et l'épisode de la Bête du Gévaudan, en 1760, n'a fait qu'accréditer le fantasme du loup dévorateur d'enfants.

Bien d'autres animaux hantent les contes : lions, ours, dauphins, coqs, oies, hérissons, ânes, chevaux, vaches, chèvres, sangliers, cerfs, souris, crapauds, vipères, scorpions, colombes. Ce sont tous les occupants de l'arche de Noé qui sont convoqués par les conteurs aux côtés des princes et des princesses, des rois et des reines, des pauvres bûcherons et des malheureux paysans, tous, sauf peut-être le chien. Et cette promiscuité montre à quel point le conte insiste sur le fait que l'homme fait partie intégrante de la nature, au même titre que les plantes et les animaux.

C'est également ce qui ressort du conte de Grimm *La Maison forestière*. L'une après l'autre, les trois filles d'un pauvre bûcheron sont chargées de lui porter son repas de midi. Mais elles se perdent dans la forêt obscure et, le soir, elles arrivent devant une petite maison occupée par un vieil homme et ses trois animaux : un coq, une poulette et une vache tachetée.

Le vieil homme consent à les héberger si elles se chargent du souper. Les deux premières filles préparent une excellente soupe et vont se coucher. Le vieil homme les fait disparaître. La troisième fait de même, mais n'oublie pas

26. Grimm, *L'Oiseau d'or*.
27. Mme d'Aulnoy, *La Princesse Carpillon*.

avant de se coucher de nourrir les trois animaux. Le lendemain, elle se réveille dans un magnifique château et à la place du vieil homme et des animaux elle voit un prince et ses serviteurs richement vêtus.

Le prince explique à la jeune fille qu'il avait été ensorcelé ainsi que ses valets et que seule « une jeune fille au grand cœur qui se montrerait charitable, non pas seulement envers les hommes mais aussi avec les animaux » pourrait les délivrer du sortilège. Et le conte insiste : les deux sœurs resteront servantes d'un pauvre charbonnier « jusqu'à ce qu'elles soient devenues meilleures et ne laissent plus les pauvres bêtes mourir de faim ».

L'homme se sent partie prenante du monde animal et de la nature, mais en même temps il les domine ; il les domine mais il en a peur. La mention de ces animaux secourables, celle de ces êtres fantastiques mi-animaux, mi-hommes, est une façon d'exorciser la peur que lui inspire la nature et en même temps d'exprimer la reconnaissance de ce qu'il lui doit. Ces animaux ne sont donc pas seulement là pour les besoins du récit. Comme la forêt, ils ont une fonction mythique et symbolique.

Des animaux mythiques

Le sixième jour Dieu fit les bêtes sauvages, les bestiaux et tous les reptiles et juste après il créa l'homme Adam et la femme Ève qui sont confrontés rapidement à un animal, le serpent. La Création se termine et l'histoire commence par l'affrontement de l'homme et du serpent. Cette primauté du serpent dans le monde animal n'est pas seulement présente dans le monde judéo-chrétien : on la retrouve dans maintes civilisations et mythologies où, tel Prométhée, le serpent apparaît comme un héros civilisateur.

Dans la culture hindoue, il est, sous le nom d'Ananda, le porteur du monde dont il assure la stabilité ; dans les civilisations amérindiennes, c'est avec son sang que l'homme est façonné.

Dans la mythologie grecque, s'étant uni à Eurynomé, déesse de Toutes Choses, il est considéré comme le père de l'univers, à la fureur de cette dernière, qui l'exile sous la terre. Il devient ainsi la représentation symbolique des Enfers et acquiert une image négative qui contraste avec l'image du serpent bienfaiteur de l'humanité qu'il a par ailleurs : n'oublions pas qu'il est l'emblème des médecins. Cette dernière image se retrouve intacte dans les contes : c'est le serpent blanc qui permet à l'homme de comprendre le langage animal, c'est-à-dire le langage de la nature.

C'est encore un serpent qui fait connaître au mari d'une princesse les vertus médicinales de certaines plantes.

Cette princesse avait épousé un jeune soldat qui avait fait le vœu de s'enterrer vivant avec elle si elle venait à mourir avant lui.

Or la princesse tombe malade, meurt, et le couple est enterré. Soudain, un serpent apparaît, et l'époux, croyant qu'il veut se nourrir du cadavre, le coupe en trois morceaux en s'exclamant : « Tant que je vivrai, tu n'y toucheras pas. » Un second serpent surgit, tenant trois feuilles dans sa gueule qu'il applique sur les tronçons du serpent coupé. Aussitôt, ce dernier « retrouva la vie comme si de rien n'était ».

Le jeune homme prend alors les feuilles et les appose sur les yeux et la bouche de la princesse dont « le sang se mit à circuler dans ses veines et vint de sa chaleur rosir la lividité de ses joues... Il lui fit boire un peu de vin, lui donna un morceau de pain et bientôt elle sentit ses forces lui revenir[28] ».

Après le serpent, deux animaux seulement sont nommément désignés dans les premiers versets de la Genèse : le corbeau et la colombe. Ce sont eux que Noé lâche après les quarante jours qui suivent la décrue des eaux du déluge pour rendre compte de l'état de la terre. Ils ont acquis ainsi un caractère prophétique que l'on retrouve essentiellement dans les contes de Grimm.

Dans *Cendrillon,* ce sont deux blanches colombes qui, par deux fois, préviennent le prince que la jeune fille qu'il emmène sur son cheval n'est pas la bonne fiancée et ce sont elles qui vengeront Cendrillon en crevant les yeux de ses deux méchantes sœurs.

Corbeaux et corneilles, eux, se font un devoir de porter à la connaissance de Jean-le-Fidèle et du brave soldat les difficultés qui les attendent et de leur donner les solutions adéquates[29]. Mais du fait de sa noirceur le corbeau est également perçu comme un oiseau de malheur, tandis que la colombe est devenue symbole de pureté.

28. Grimm, *Les Trois Feuilles du serpent.*
29. Grimm, *Jean-le-Fidèle, Les Corneilles.*

Les autres animaux dont il est fait mention dans les contes nous renvoient à des images religieuses, à des scènes qui figurent ou figuraient sur les vitraux de toutes les églises, sur les chapiteaux de maintes colonnes. Les ânes, les aigles, les dauphins font partie du bestiaire biblique dont se réclament nos civilisations judéo-chrétiennes.

Le loup est l'emblème de la tribu de Benjamin, le lion est celui de la tribu de Juda et le faon celui de la tribu de Nephtali. Les agneaux, brebis et moutons forment la majorité des troupeaux confiés à la garde des bergers et bergères des contes comme ils formaient la majorité des troupeaux des Hébreux et symboliquement ils représentent les « troupeaux » confiés à la garde du Christ. Les poissons, que nous avons si souvent rencontrés et qui tous montrent de la bienveillance envers les hommes, sont emblématiques du christianisme.

Tous ces animaux qui peuplent les contes, animaux du ciel et de la terre, des eaux et des Enfers – oiseaux, mammifères, poissons, reptiles –, n'y sont pas mentionnés par hasard.

Les animaux secourables et tous ceux avec lesquels les hommes entretiennent une relation de solidarité symbolisent l'enracinement de l'homme dans le monde et sa participation à la bonne marche de l'univers dans lequel les dragons, les loups, les noirs corbeaux, les renards d'un côté, les moutons, les oiseaux d'une blancheur immaculées de l'autre symbolisent en quelque sorte la lutte du bien et du mal. Cette forêt « gardée » par une vieille femme, ce chemin qui parfois semble mener au royaume des morts et aboutit au château enchanté, toutes ces notations nous indiquent que le royaume enchanté est le royaume des morts.

Mais un royaume des morts symbolique puisqu'on en revient mûri et grandi, qu'on y a acquis le pouvoir sur les animaux, sur la maladie et le droit d'engendrer une nouvelle génération.

Ce nouvel univers que l'on entrevoit, c'est celui très ancien de l'initiation, c'est-à-dire un univers de symboles, remis à la mode, si l'on peut dire, par la franc-maçonnerie qui se développe brusquement et rapidement dans toute l'Europe au cours du XVIIIe siècle et qui se réclame du Temple, de l'alchimie et de l'Égypte antique.

Derrière le miroir

Dans le château de la Bête, la Belle recluse, soupire et se dit en elle-même : « Je ne souhaite rien que de voir mon pauvre père et de savoir ce qu'il fait à présent. » Quelle fut sa surprise, en jetant les yeux sur un grand miroir, d'y voir sa maison où son père arrivait avec un visage extrêmement triste ! « Ses sœurs venaient au-devant de lui et, malgré les grimaces qu'elles faisaient pour paraître affligées, la joie qu'elles avaient de la perte de leur sœur se lisait sur leur visage[1]. »

Le miroir qui nous renvoie des images de ce monde extraordinaire qu'est l'univers des fées et de leurs protégés fait aussi office d'écran et comme tel il a deux fonctions : il dissimule un univers très construit et en même temps il révèle certaines vérités.

Un univers très construit

Tous les contes suivent ce que les folkloristes ont appelé un rituel narratif. Ce rituel serait une transcription de très anciennes pratiques cérémonielles d'initiation ayant perdu toute signification religieuse, mais qui obéirait cependant à la logique de déroulement de ces pratiques.

Cette logique de déroulement a été étudiée dans les années 1920 par Vladimir Propp qui identifia dans tous les contes une structure semblable, composée de trois grandes séquences qui se succèdent dans un ordre toujours identique.

À l'intérieur de ces séquences, il discerna un nombre variable de facteurs, trente et un au total, qui remplissent des « fonctions » différentes selon les contes.

1. Mme Leprince de Beaumont, *La Belle et la Bête*.

Dans la séquence préparatoire, la situation initiale est tout de suite posée par le biais de l'une ou de l'autre de ces fonctions : un membre de la famille est absent (départ ou mort d'un parent), un ordre est donné telle l'interdiction d'entrer dans un lieu ou la mise à mort de celui qui va devenir le héros, l'ordre n'est pas exécuté, un méchant (diable, brigand, sorcière, marâtre) est informé de la situation, etc.

La séquence suivante est celle où commence l'action : il arrive un malheur, le héros entre en scène, celui-ci reçoit un auxiliaire magique (animal, objet), il affronte le méchant, il gagne.

La troisième et dernière séquence concerne la réparation du méfait et le retour du héros ainsi que les dernières épreuves qui l'attendent : il est poursuivi, on lui vole sa victoire, des tâches difficiles lui sont proposées, il reçoit une nouvelle apparence, le méchant est puni, le héros se marie. Propp indique par ailleurs que les personnages du conte ne sont pas définis par leur statut de roi, de princesse, de prince, de sorcière mais par leurs actes : ils agressent, ils donnent un objet magique, ils agissent, ils imposent des tâches, ils reçoivent des tâches, ils viennent à bout de ces tâches.

Si ce schéma a le mérite de dégager une structure commune à tous les contes, il est lourd et compliqué et les fonctions, trop nombreuses, ne sont pas toujours aisées à utiliser. Il a néanmoins servi de base à de multiples travaux qui ont pris pour point de départ les besoins fondamentaux de tout homme : survivre, être en sécurité, s'affirmer et être reconnu, dépasser les valeurs matérielles.

Parmi les travaux les plus récents, ceux de Greimas offrent un schéma plus maniable, applicable à tous les contes.

Six acteurs sont retenus – *Destinateur, Objet, Destinataire, Adjuvant* (ex-auxiliaire), *Sujet, Opposant* –, et leur « quête » représente les « modalités fondamentales de l'activité humaine, *Vouloir* (le *Sujet* désire l'*Objet*) ; Savoir (le *Destinateur* destine l'*Objet* au *Destinataire*) ; *Pouvoir* (le *Sujet,* contrarié par l'*Opposant*, est aidé par l'*Adjuvant*)[2] ».

On retrouve cette structure dans tous les rites d'initiation connus. À la puberté, les jeunes sont éloignés de leur famille – ils perdent leurs parents – et sont regroupés dans

2. Michèle Simonsen, *Le Conte populaire français, op.cit.*

une grande maison. Pendant des mois, ils sont initiés à la chasse, aux coutumes du groupe, aux secrets des forces naturelles et surnaturelles – ils affrontent des épreuves. Ce n'est qu'après cette initiation, au cours de laquelle ces jeunes ont souvent reçu des marques d'appartenance au groupe (tatouages, incisions), qu'ils peuvent rejoindre le clan, la tribu, y prendre leur place, une femme, fonder une famille et transmettre à leur tour les coutumes.

Les contes qui ont été élaborés parallèlement à la constitution des sociétés humaines utilisent les symboles qui ont servi à la construction de ces sociétés. C'est dire leur richesse et la difficulté de les étudier. Mais on peut dégager quelques-uns de ces symboles pratiquement universels.

Les chiffres trois et sept

Si le quatre, le six, le douze reviennent souvent, le trois et le sept, eux, sont omniprésents. Le trois se retrouve dans tous les mythes, sur tous les continents. Il exprime la Totalité. Celle de l'homme, fils du ciel et de la Terre, celle de l'existence – naissance, croissance et mort –, celle de la divinité qui est présente partout et a toujours une triple nature. Ainsi chez les Grecs Zeus, Poséidon et Hadès, dans l'hindouisme Brahma, Vishnu et Çiva ; pour les kabbalistes les trois *séphirot* supérieures *Keter*, la Couronne, *Hochma*, la Sagesse, et *Bina*, l'Intelligence – les trois premiers attributs de la fonction divine – et pour les chrétiens la Trinité. Le temps est triple – passé, présent, avenir –, le monde formé de la terre, de l'eau et de l'air est triple, les divinités astrales étaient triples qui comprenaient le Dieu-Ciel et ses étoiles, le Dieu-Lune et le Dieu-Soleil. De même est triple l'homme qui est corps, esprit et âme, et qui remplit trois fonctions : sacrée, guerrière et productrice. Et comme les rois mages qui sont venus à trois accueillir le Christ, le chiffre trois mène les contes.

Dans des contes rapportés par les frères Grimm, ce sont trois fileuses qui filent le lin contenu dans trois chambres et rendent ainsi possible le mariage de la fille paresseuse avec son prince. Afin de choisir lequel de ses trois fils lui succédera, un roi lance trois plumes qui vont permettre à chacun d'eux de suivre son destin. C'est grâce aux trois langages que lui ont enseignés un chien, une grenouille et des oiseaux que le fils d'un vieux comte suisse devient pape.

Sans oublier les trois sœurs de Cendrillon et les trois bals auxquels elles participent, les trois tentatives de meurtre de la marâtre de Blanche-Neige, les trois nuits passées au château par celui qui veut apprendre à frissonner, les trois épreuves subies par Tom Pouce qui se retrouva successivement dans un trou de souris, l'estomac d'une vache et le ventre d'un loup, les trois géants auxquels est confronté le Roi de la Montagne d'or qui réussit à s'emparer de trois objets magiques.

Et il y a les trois robes merveilleuses, « l'une du même or que le soleil, la seconde du même argent que la lune et la troisième du même brillant que les étoiles » que certaines princesses ont reçues des fées et qu'elles revêtent afin de réveiller la mémoire d'un fiancé oublieux[3]. Peau d'Âne et Toutes-Fourrures sont elles aussi en possession de ces robes merveilleuses. Elles les ont demandées à leur père comme condition au mariage incestueux qu'il voulait leur imposer. Les ayant malheureusement obtenues, elles s'enfuient, dissimulées l'une sous une peau d'âne l'autre sous une hideuse couverture de fourrure et acceptent d'effectuer les travaux les plus répugnants. Mais le dimanche elles ne résistent pas au désir de revêtir l'une ou l'autre de ces robes de rêve et finissent par être reconnues par un prince qui les épouse tandis que le roi, leur père, « avait banni tout désir criminel ».

Enfin, ce sont toujours trois épreuves qui sont imposées au héros, épreuves souvent insurmontables sans l'aide de trois auxiliaires qui peuvent être des hommes, des outils, des animaux.

Avec le chiffre trois, c'est le chiffre sept qui revient le plus souvent. En tête viennent les sept nains de Blanche-Neige, le Petit Poucet et ses six frères qui, se faisant passer pour les sept filles de l'Ogre, évitent d'être mangés et finissent par retrouver leurs parents.

Il y a les sept mouches tuées par le Vaillant Petit Tailleur, les sept femmes de Barbe-Bleue, les sept années d'errance imposées par le diable à Peau d'Ours avant qu'il ne devienne riche et beau, les sept frères transformés en corbeaux et les sept fées qui se sont tendrement penchées sur le berceau de la Belle au bois dormant. Sans oublier les sept ans de pénitence imposés au héros.

Il nous est difficile de croire que ce chiffre se répète par hasard dans les contes quand nous nous souvenons de toute

3. Grimm, *Prince et Princesse enfants de roi*, *Le Fourneau*.

sa valeur religieuse, symbolique et alchimique. Il évoque le septième jour suivant la Création, les sept *séphirot* inférieures[4] qui déploient le mystère de la Création, les sept degrés de la perfection, les sept degrés de la conscience.

Il revient comme un leitmotiv dans l'Apocalypse de saint Jean : les sept églises, les sept sceaux, les sept trompettes, les sept coupes, les sept anges, les sept signes. C'est un des chiffres clés de l'alchimie : les sept états de la matière, les sept planètes de notre système, les sept métaux qui leur correspondent : fer/Mars, cuivre/Vénus, plomb/Saturne, étain/Jupiter, mercure/Mercure, argent/Lune, or/Soleil.

L'or

Curieusement, dans les contes, nombre de nains travaillent sous terre, « piochent et creusent les montagnes pour trouver les filons de minerai », sous-entendu de l'or. Cet or symbole de la perfection que les alchimistes s'évertuaient à découvrir dans la matière, brille de tous ses feux dans tous les contes.

C'est l'or que les héros récoltent au terme de leur aventure et qui leur apporte sécurité et bonheur. C'est l'or qui étincelle dans les châteaux merveilleux. C'est d'or et d'argent que sont tissées les robes magiques que revêtent Peau d'Âne et maintes héroïnes de Grimm.

C'est le plumage d'or des oiseaux, ce sont les chevelures d'or que des princes et princesses au grand cœur doivent dissimuler pendant le temps qu'ils vivent des épreuves et qu'ils laissent ruisseler à la fin des contes, quand tout rentre dans l'ordre.

C'est la lumière qui brille au fond des bois, c'est le bon feu qui brûle dans les châteaux vides où arrive le héros, c'est le feu que les sorcières entretiennent sous leur chaudron ou dans leur four – « on voyait déjà sortir les flammes du grand feu qui brûlait[5]... » – et dans lequel les précipitent parfois les petits héros.

Cet or, c'est le feu, qui constitue le quatrième état sous lequel la matière se présente[6], et que les alchimistes entretien-

4. *Hessed* ou la Grandeur, *Geboura*, la Rigueur, *Tiféret*, la Beauté, *Netsah*, le Triomphe, *Hod*, la Gloire, *Yesod*, le Fondement, et *Malkout*, le Royaume.
5. Grimm, *Jeannot et Margot*.
6. Selon les alchimistes, quatre éléments primordiaux constituent la matière : l'Eau, la Terre, l'Air et le Feu, lesquels représentent quatre états : état liquide, état solide, état gazeux ou volatil, et état subtil.

nent dans leur fourneau, sous leurs cornues, où bouillonne la *prima materia* d'où sortira l'or, après de longues manipulations.

Un univers révélé

Lorsque la marâtre de Blanche-Neige questionne pour la troisième fois son miroir magique, il lui répond :

Dame la Reine, ici vous êtes la plus belle
Mais Blanche-Neige l'est mille fois plus que vous.

Le conte nous présente Blanche-Neige de façon beaucoup plus détaillée que ne le sont nombre de princesses dans d'autres contes. En général, une princesse est « extraordinairement belle », son « teint est de lys et de roses », elle est « si jolie qu'on ne pouvait la voir sans l'aimer », c'est d'elle qu'« on peut dire que l'amour, les grâces et toutes les déesses rassemblées n'ont jamais eu tant de charmes ».

En revanche, de Blanche-Neige il est dit que c'est « une petite fille qui était blanche comme la neige, vermeille comme le sang, et noire de cheveux comme le bois d'ébène ». Blanche-Neige est ainsi définie par trois couleurs : le noir, le blanc et le rouge.

Il se trouve qu'en alchimie les trois phases de purification de la matière auxquelles se livraient les alchimistes pour obtenir de l'or sont appelées : *nigredo* (passage au noir ou décomposition de la matière), *leukosis* (passage au blanc qui donne la pierre blanche capable de changer un métal quelconque en argent) et *iosis* (passage au rouge ou production de la Pierre philosophale qui seule permet de changer un métal en or pur).

Cette transformation de la matière en or était nommée *nupciae chemicae*, noces chimiques, et elle s'effectuait dans une cornue portée à de très hautes températures dans un fourneau. Mais les alchimistes précisaient également que l'or qu'ils cherchaient n'était pas l'or vulgaire, l'or commun, mais l'or philosophique, c'est-à-dire la Sagesse, la compréhension du secret de la Nature et de l'Homme. Pour eux, ce secret, qu'ils appelaient l'âme du monde, était enfermé dans l'œuf philosophique et s'en échappait sous forme d'aigle, de corbeau ou de tout autre oiseau.

Les contes ne sont pas plus des manuels d'alchimie qu'ils ne sont des abrégés de symboles. Mais il faut souligner cependant que l'alchimie a connu son âge d'or en Europe aux XVIe et XVIIe siècles avec la publication de l'*Ars chemica* en 1566, de l'*Artis auriferae* en 1593, du *Theatrum chemicum* en 1622 et de centaines d'autres ouvrages, et qu'au XVIIIe siècle elle était encore bien vivante grâce à la franc-maçonnerie qui se développe de manière fulgurante et lui emprunte son symbolisme.

Il faut souligner également que l'alchimie était une affaire d'initiés et que l'initiation comportait trois degrés symbolisés par une clé d'argent, une clé d'or et une clé de diamant. La transmission du savoir alchimique se faisait à l'aide de symboles et de textes volontairement très obscurs.

Tout cela avait, pour les non-initiés, un caractère magique qui a fortement marqué les esprits de ces époques et a été récupéré par les conteurs. C'est ce qui peut expliquer les allusions à l'alchimie que l'on relève dans les contes.

La fée qui veille sur la reine Florine[7] lui offre quatre œufs dans lesquels elle trouvera les secours qui lui seront utiles au cours de sa recherche du roi Charmant. Or l'un des quatre œufs contient « un chef-d'œuvre de l'art nécromancien », un petit carrosse d'acier poli et d'or dans lequel deux marionnettes en forme de petites Égyptiennes dansaient la sarabande.

Que fait là ce détail, sinon nous rappeler que l'alchimie est une très vieille science née en Égypte ? Pourquoi parler d'« art nécromancien », c'est-à-dire d'art occulte, secret, et non d'art magique ?

Dans l'un des contes rapportés par les frères Grimm, nous trouvons l'histoire du prince ensorcelé par une sorcière qui l'avait transformé en fourneau et abandonné dans la forêt. Une princesse trouve le fourneau, le gratte et délivre le prince. Aussitôt ce dernier veut emmener la princesse dans son royaume. Mais elle lui demande d'aller prendre congé de son père et, quand elle revient, le fourneau – c'est-à-dire le prince – avait disparu.

Elle doit se livrer à une longue quête avant de le retrouver, grandement aidée en cela par des grenouilles et leur reine, symboles de l'eau. Cette eau que l'on retrouve dans nombre de contes sous forme d'étang, de mer, de

7. Mme d'Aulnoy, *L'Oiseau bleu*.

grenouilles, de poissons, tous bienfaisants car ils protègent les héros chacun à leur façon.

Cette eau, élément primordial de la matière, est également l'eau baptismale dans laquelle le Seigneur trempe un vieux petit mendiant qu'il avait jeté dans le foyer incandescent d'un forgeron. À l'issue de cette manipulation, le petit vieillard était devenu « un gaillard souple, droit, vif et alerte comme à vingt ans ». Mais cette opération doit être effectuée par quelqu'un d'initié : quand le lendemain le forgeron tente de rajeunir sa belle-mère par ce procédé il n'arrive qu'à un résultat épouvantable : « L'aïeule piaule et miaule lugubrement, plongée dans le bac à forge, le corps tout racorni, le visage atrocement déformé, tordu, ratatiné[8] ».

D'autres détails évoquent encore l'alchimie : le roi et la reine des contes sont le Roi et la Reine qui dans les textes alchimiques désignaient ainsi le rouge et le blanc, les couleurs clés de la transmutation alchimique, c'est-à-dire de l'union du principe actif et du principe passif, du Soufre et du Mercure.

La lune et le soleil qui brillent si souvent dans les contes représentaient pour les initiés la Pierre blanche capable de changer tout métal en argent et la Pierre philosophale capable de changer tout métal en or. Les nombreuses mentions de la lune et du soleil que nous retrouvons tout au long des contes dissimulent souvent ces deux notions alchimiques.

On retrouve ces pierres dans le conte des *Deux Frères* où l'on voit un des deux frères et ses animaux changés en pierres par une sorcière et jetés dans une fosse « où gisaient déjà quantité d'autres pierres de même sorte ».

Enfin le secret dans lequel travaille l'alchimiste est illustré par le conte de Grimm *Jean-le-Fidèle*. Dans ce conte, Jean-le-Fidèle est le serviteur qui a pour mission de veiller sur le fils du roi.

Il doit, entre autres, lui interdire l'entrée d'une pièce où se trouve le portrait d'une princesse merveilleusement belle. Bien sûr, le prince transgresse l'interdiction, va chercher la princesse.

Lors du retour du couple, Jean-le-Fidèle entend des corbeaux parler des épreuves qui attendent les jeunes gens et des moyens pour les conjurer. Mais tout cela doit

8. Grimm, *Le Petit Vieux rajeuni par le feu.*

rester secret car « si quelqu'un le sait et trahit le secret, celui-là sera pétrifié de pied en cap, entièrement ».

Le symbolisme des contes n'est pas uniquement un symbolisme alchimique. Il emprunte largement aux symbolismes juif et chrétien.

Les ours, les cerfs, les poissons, les chasseurs, le soleil et la lune des contes rejoignent ces mêmes ours, cerfs, poissons, chasseurs, vierges sages et folles qui ornent les chapiteaux et les façades de nos églises et qui viennent en droite ligne de la Bible. En quelque sorte, l'univers féerique, le monde extraordinaire des fées, pourrait être le paradis.

Quand la vérité sort du miroir

Le miroir a également une autre fonction. Il renvoie une apparence et par là même révèle ce qui est derrière cette apparence : c'est grâce au miroir que Belle comprend que ses sœurs jouent un double jeu et qu'elle devine la jalousie et la méchanceté qu'elles cachent soigneusement sous la joie de la revoir. Cette fonction révélatrice du miroir est encore plus lisible dans le conte *L'Oiseau bleu*.

« Lorsque Florine fut tout en haut, elle eut de nouvelle peine pour descendre ; toute la vallée était une seule glace de miroir. Il y avait autour plus de soixante mille femmes qui s'y miraient avec un plaisir extrême, car ce miroir avait bien deux lieues de large et six de haut. Chacune s'y voyait selon ce qu'elle voulait être : la rouge y paraissait blonde, la brune avait les cheveux noirs, la vieille croyait être jeune, la jeune n'y vieillissait point ; enfin tous les défauts y étaient si bien cachés que l'on y venait des quatre coins du monde... Cette circonstance n'y attirait pas moins les hommes. Il faisait paraître aux uns de beaux cheveux, aux autres la taille la plus haute et la mieux prise, l'air martial, de meilleure mine. »

Nous ne pouvons éviter, lorsque nous lisons cette description de la vallée dont la glace fait office de miroir, d'y associer la question que la marâtre de Blanche-Neige pose de façon répétitive à son miroir magique :

Miroir, gentil miroir, dis-moi, dans le royaume
Quelle est de toutes la plus belle ?

Tous ces personnages demandent à leur miroir de leur renvoyer une fausse image d'eux-mêmes : la reine se veut toujours belle et refuse le verdict de son miroir, les femmes et les hommes se perçoivent différents de ce qu'ils sont, semblables à l'image qu'ils se sont fabriquée.

Le miroir est trompeur, il cache quelque chose que les acteurs des contes ne veulent pas voir. Une réalité profonde et traumatisante autre que cette réalité difficile à vivre que nous avons constatée plus haut : la réalité de la condition humaine.

On demande au miroir de la masquer. Et, de ce fait, il nous révèle nos secrets les plus intimes peurs devant la vie et nos refus. Peur de se perdre, peur de souffrir, peur de vieillir, refus de mourir.

On comprend désormais le rôle du conte. En nous montrant que tout est possible, que c'est sur terre que l'on trouve le paradis, il nous rassure et nous enseigne. On peut se perdre, dans la forêt, dans la vie, dans la confusion des sentiments. Mais il y a toujours une lueur d'espoir qui brille, loin, parfois, mais qu'il faut savoir reconnaître. Qu'importe la maladie ! Il y a certainement un remède : l'Eau de la vie, une pomme, la rosée et surtout l'amour. Car les contes prônent l'amour sous toutes ses formes.

Amour de son prochain, amour des parents pour leurs enfants, amour entre frère et sœur, amour de la vie, amour de la nature : seul l'amour peut désenchanter une situation.

Mais pour que ce désenchantement puisse avoir lieu, il faut faire fi de l'arrogance, de l'orgueil, de la paresse. Le miracle se produit pour ceux qui ont confiance dans la vie, qui osent prendre des risques, qui se montrent honnêtes, doux, gracieux, qui pensent, comme la princesse Trognon, que « la beauté passe comme un songe ; que la vertu est un trésor éternel et une beauté inaltérable qui dure plus que la vie ».

Mais, contrairement aux fables, le conte n'est pas moralisateur, il ne donne pas de conseils, il offre des modèles, il rassure et permet ainsi de grandir.

Derrière le miroir, sous cet univers où brillent l'argent et les pierres précieuses, sous les ors des châteaux, on trouve toute une sagesse accumulée patiemment par toutes les générations qui nous ont précédés.

Une sagesse qui donne à réfléchir, qui permet de se construire en donnant un sens à la vie. En abordant nos angoisses les plus profondes sous un mode plaisant et hautement symbolique, le conte permet de se mettre à distance, de prendre conscience des tumultes qui nous agitent, de « se rendre compte des processus internes à l'œuvre dans un individu » ainsi que le formule Bruno Bettelheim, qui ajoute : « Les personnages et les événements des contes de fées personnifient et illustrent des conflits intérieurs ; mais ils suggèrent toujours avec beaucoup de subtilité comment il convient de résoudre ces conflits et quelles sont les démarches qui peuvent nous conduire vers une humanité supérieure. »

Que sont les contes devenus ?

En ce début de XXIe siècle un grand quotidien national titrait « Il était une fois Noël » et enchaînait : « Les contes de fées enchantent le quotidien. » Inutile de se frotter les yeux, nous avons bien lu. Alors que nous savons que la lune brille sur le monde entier et sur chacun de nos villages en particulier, qu'il n'est nul besoin « de l'attacher à un chêne, d'y remettre chaque jour de l'huile et de la nettoyer afin qu'elle reste claire[1] » ; que les avions se bousculent dans le ciel au risque d'entrer en collision ; que la vitesse de nos deux ou quatre roues ridiculise celle des bottes de sept lieues et que nous avons tous un miroir magique qui, d'une simple pression sur un bouton, nous permet de voir instantanément ce qui se passe aux quatre coins du monde, on ne peut manquer d'être surpris.

La science avance à pas de géant. Au-dessus de nos têtes, les astronautes ouvrent à l'humanité les portes d'une aventure encore plus excitante que la découverte des Amériques ou de la route des Indes. Les confins de l'univers, le ciel et la terre, le corps humain et l'atome nous livrent peu à peu leurs secrets. Mais, au fur et à mesure que se dévoilent ces secrets, d'autres questions surgissent, et d'autres encore, ainsi que nombre de problèmes d'éthique. En d'autres termes, plus nous avançons dans la connaissance, plus nous avons soif… de quelque chose que la science ne peut pas nous apporter, de quelque chose de plus proche, de plus humain, de plus rassurant.

C'est depuis que nous vivons dans cet univers « féerique » où les distances sont abolies, les chemins balisés, les nuits brillamment éclairées, les forêts apprivoisées, depuis que nous n'avons plus besoin de nous battre pour survivre que ce besoin

1. Grimm, *La Lune*.

nous taraude insidieusement. Nous avons tout et c'est ce tout qui est terrible. Que pouvons-nous encore espérer ? Devenir immortels ? Mélusine nous a dit, il y a bien longtemps, que cet état n'avait rien d'enviable. Aller sur la Lune, c'est fait. Aller encore plus loin dans l'espace, c'est en cours de réalisation. Et puis cela ne concerne nullement notre quotidien. Comment rêver quand tous les rêves se réalisent ?

C'est en 1968 que l'on a su formuler ce malaise. Et depuis on ne cesse de s'interroger. On se pose les mêmes éternelles questions. Qui sommes-nous ? D'où venons-nous ? Où allons-nous ?

Questions d'autant plus urgentes que nous avons tous à nous créer une nouvelle identité : nous vivons et travaillons majoritairement dans des villes de plus en plus grandes où nous n'avons pas encore construit nos repères.

La publication, en 1976, du livre de Bruno Bettelheim, *Psychanalyse des contes de fées*, et celle du livre de Pierre Jakez Hélias, *Le Cheval d'orgueil*[2], ont agit comme un révélateur. Le conte, on avait oublié le conte : « Il explique les mystères de l'univers et en même temps il corrige d'un coup de baguette magique une réalité imparfaite, injuste. Parce que l'espoir, c'est toujours le miracle, le merveilleux » rappelle Luda Schnitzer[3].

À quoi Bruno de La Salle ajoute : « [Le conte] c'est comme une invitation à prendre connaissance du monde où vous êtes, de l'être que vous êtes et de comprendre ainsi par qui vous existez, où et comment les choses et vous-mêmes avez été faits et de vous sentir ainsi membre d'une famille, d'un monde, d'une aventure[4]. »

Cependant, si depuis une bonne vingtaine d'années nous sommes de nouveau enchantés par les contes de fées, il ne faut pas croire que les contes n'étaient jusque-là plus présents que dans les bibliothèques enfantines : la tradition du contage ne s'est jamais vraiment perdue, et elle était même restée bien vivante en Bretagne, dans le Morvan, en Picardie. Cependant on contait surtout des contes facétieux lors de grandes retrouvailles comme les mariages, tandis que les contes de fées, les contes merveilleux souffraient de l'avancée fulgurante de toutes les sciences ainsi que de la généralisation du bien-être et de la

2. Cet ouvrage, sous-titré « Mémoires d'un Breton du pays bigouden », retraçait la vie quotidienne d'un monde paysan attaché à ses valeurs religieuses et culturelles en cours de disparition. Ce livre a été en partie à l'origine de la reconnaissance des cultures régionales françaises.
3. Lors du colloque intitulé « Le renouveau du conte ».
4. Bruno de La Salle, *Le Conteur amoureux.*

fascination qu'exerçait le cinéma. Mais tout cet univers féerique véhiculé par les contes continuait néanmoins à nous accompagner à notre insu, inspirant metteurs en scène, musiciens, chorégraphes, cinéastes et publicitaires.

Les contes au secours de la publicité

Cette fonction de résonance du conte n'a pas échappé aux publicitaires, et ce bien avant que les contes ne soient mis sur le divan des psychanalystes.

Dès le milieu du XIXe siècle, les fabricants ont su utiliser les contes pour lancer leurs productions.

Ainsi, en 1858, c'est au Petit Poucet dessiné par Van Geleyn qu'incombe la tâche de faire connaître le papier à cigarettes du même nom, sans qu'on en comprenne vraiment la raison ; en 1860, le Petit Chaperon rouge qui a eu, dans certaines versions, à choisir entre le chemin des aiguilles et celui des épingles, est chargée de la promotion du fil à coudre Au Petit Chaperon rouge ; mais il retrouve son pot de beurre, en 1894, pour le compte du beurre d'Isigny tandis que le Chat botté vante les qualités du cirage Jacquand.

Les grands magasins qui naissent à cette époque lancent la mode des chromos, séries d'images en couleurs dont le thème est souvent un conte de fées. Le Bon Marché, par exemple, prend pour thème de ses chromos les grands contes merveilleux de Mme d'Aulnoy et de Mme de Beaumont. Collectionner ces images devient le passe-temps favori des enfants en même temps que cela fidélise la clientèle parentale.

C'est néanmoins au siècle dernier que les publicitaires ont le plus emprunté à l'univers des fées. Il n'était plus de bon ton de s'intéresser aux contes, mais on y faisait constamment référence.

Publicitaires et dessinateurs s'unirent pour proposer de merveilleuses affiches.

Ainsi, en 1925, le loup déguisé en femme de chambre apporte une tasse de chocolat (de la chocolaterie Saint-Vincent-de-Paul à Marseille) fumant au Petit Chaperon rouge couché dans le lit de sa grand-mère. Sous l'illustration, on lit : « Qu'il sent bon ton chocolat, mère grand. – Il n'en est point de meilleur mon enfant. »

En 1961, le loup et le Petit Chaperon rouge font preuve du même appétit pour le chocolat (Lanvin, cette fois) en se disputant la même tablette. En 1930, le dessinateur Paul Iribe enferme la Belle au bois dormant dans un cercueil de verre en forme de bouteille pour les vins Nicolas.

En 1954, la Loterie nationale annonce, à la manière du Chat botté : « Ce château appartient à mon maître qui vient de gagner... à la Loterie nationale. »

Bien souvent, le conte n'est même pas cité tant on considère qu'il est connu. Dans les années 1950, une affiche pour une marque de gaines présente une jolie chatte blanche, couronnée et corsetée, qui se mire, très satisfaite, dans son miroir.

En rappelant ainsi la plus aimable princesse du monde transformée en chatte blanche et la marâtre de Blanche-Neige qui s'assure de sa beauté, l'affiche, qui ne mentionne que la marque de la gaine, lance aux femmes un message très fort du genre : grâce à ce produit vous serez aussi belle qu'une princesse ou une reine de conte de fées.

Les contes de fées représentent une vraie source d'inspiration pour la publicité. Ils lui permettent de mettre en scène de façon subtile nos fantasmes et nos désirs et d'être ainsi d'une efficacité redoutable.

On a cru un moment que l'image brute ou enjolivée du produit était suffisante pour vendre. Puis on s'est rendu compte qu'il était plus rentable de suggérer que de montrer, et, à nouveau, mais de façon plus allusive, les contes de fées investissent les panneaux publicitaires : les yaourts de La-Roche-aux-fées nous l'ont rappelé il n'y a pas si longtemps et récemment une grande marque de lait fait dire à un enfant rieur chaussé de grandes bottes : le lait « ça fait pousser les petits ».

Les contes sur scène

C'est également avec les arts du spectacle que les contes de fées entretiennent depuis longtemps un bien curieux commerce. Un va-et-vient s'est établi entre eux.

On se souvient que le décor des contes, l'univers des contes lors de leur fixation par écrit doivent beaucoup aux décors et aux machineries extraordinaires des opéras italiens, des ballets de cour, des fêtes organisées tout au long du XVIIe siècle pour les mariages princiers, les entrées royales, le plaisir de la cour à Versailles.

Cet art du décor fascinait les foules qui en redemandaient. Tout naturellement, la structure très simple des contes de fées qui permit à une Mme d'Aulnoy, à une Mme de Beaumont d'accumuler les enjolivements, les détails féeriques, le scintillement des pierres précieuses dans des décors de rêve inspirèrent une nouvelle forme de spectacle populaire qui culmina à la fin du XIXe et au début du XXe siècle : la féerie.

La féerie, c'était « un spectacle essentiellement visuel mêlant la musique, le chant, la danse, la pantomine, l'acrobatie. Elle devait sa réussite à l'imagination échevelée d'un librettiste, au chorégraphe susceptible de déployer un escadron de figurants, aux extravagances du décorateur et du costumier, à l'habileté des machinistes et des accessoiristes[5] ».

Dès 1810, deux *Cendrillon* arrivent sur les scènes parisiennes. L'une est un « opéra-féerie » en trois actes, l'autre une « folie » en un acte dont les livrets et les musiques sont depuis longtemps tombés dans l'oubli.

En Italie, sous le nom de *Cenerentola*, Cendrillon, est plus chanceuse car servie par un grand musicien, Gioacchino Rossini, en 1817. Plus tard, ce sont *Le Petit Poucet* puis *le Chat botté* qui inspirent des féeries en trois ou quatre actes.

Cendrillon fait un grand retour en 1899 dans une féerie en quatre actes mise en musique par Jules Massenet.

En 1908, Sarah Bernhardt interprète *La Belle au bois dormant*, une féerie signée Jean Richepin et Henri Cain et à la veille de la guerre de 1914, dans une même saison, dix contes sont présents sur les scènes parisiennes. Cela donne une idée de la popularité de ce type de spectacle.

Mais croulant sous les paillettes et ébloui par la lumière trop violente de la toute nouvelle fée Électricité, le conte perd son charme, sa saveur, sa personnalité tandis que, concurrencées par le cinématographe – et le génie de Méliès, qui, dès 1899, tourne une *Cendrillon* de six minutes, très fidèle au conte de Perrault –, les féeries perdent de leur lustre.

La guerre les achève, et, quand la paix revient, c'est un monde nouveau qui surgit et qui pose sur les contes un autre regard.

5. Pierre Vidal, « Cendrillon sur la scène parisienne », *Il était une fois les contes de fées*, exposition de la Bibliothèque nationale de France, 2001.

À nouvelle époque, nouvelle culture et nouvelles habitudes. Tandis que les robes et les cheveux raccourcissent, que les voitures commencent tout doucement à se démocratiser et les avions à voler, les contes, eux, semblent bien passés de mode. Pas pour longtemps. Ils font une rentrée discrète grâce aux marionnettes qui leur ont toujours été fidèles : « Ces récits, par leur transmission orale, leur brièveté, la simplicité de l'intrigue, le nombre restreint de leurs acteurs, s'incarnent facilement dans les petits personnages de bois et de chiffons[6]. »

Dès 1928, Gaston Cony, propriétaire du théâtre du Guignol des Buttes-Chaumont, exploite les contes de Perrault, bientôt suivi par le théâtre des marionnettes du Luxembourg. *Blanche-Neige* triomphe, après la Seconde Guerre mondiale, en 1946, au festival des marionnettes de Charleville, suivie vingt ans après par *La Belle et la Bête*, monté par la Compagnie des marionnettes de Nancy.

Entre-temps se crée la Compagnie des marionnettes de Nantes qui met à son répertoire *Hansel et Gretel*, *La Petite Poucette*, *Blanche-Neige* et *La Belle et la Bête*. À l'étranger, Jiri Trynka fait du théâtre de marionnettes un théâtre à part entière qu'il entreprend de filmer après la Seconde Guerre mondiale ; *Le Rossignol de l'empereur de Chine* est ainsi devenu un des grands classiques des films pour enfants.

L'opéra très conservateur a gardé bien vivant le souvenir de ses racines, des grands ballets de cour, des représentations féeriques des premiers opéras italiens, des fêtes de Versailles. Il récupère en quelque sorte l'héritage des féeries et s'intéresse aux contes qui, comme les mythes aux XVIe et XVIIe siècles, fournissent mille et un prétextes pour chanter et danser.

Sur le canevas des contes, nombre de grands musiciens composent des musiques de ballet. Sans pour autant établir un catalogue exhaustif de toutes les œuvres, on peut présenter les plus intéressantes.

Ainsi la Belle au bois dormant se réveille, en 1890, grâce au grand chorégraphe Marius Petipa, père du ballet moderne, et à Tchaïkovski. Elle danse à nouveau, en 1921, grâce à Diaghilev et à ses Ballets russes, dans les somptueux décors imaginés par Léon Bakst, et elle ne se rendormira plus, interprétée par toutes les grandes danseuses

6. *Idem.*

dans des décors qui souvent rappellent ceux du Grand Siècle.

En 1945, c'est au tour de Cendrillon de faire son retour sur scène grâce à Prokofiev, ballet repris en 1986 par Rudolf Noureev, qui en donne une version très hollywoodienne. La marraine est devenue un producteur de cinéma, le studio de tournage du film fantastique *King Kong* a remplacé le palais du prince et la recherche de la jeune fille a pris des allures de tournées des boîtes de nuit.

Entre-temps, en 1912, Maurice Ravel, à l'instar de Perrault, écrit la musique d'un délicieux ballet, *Ma mère l'Oye*.

Mais les musiciens n'en abandonnent pas pour autant le théâtre chanté, l'opéra. Reprenant tous les thèmes des contes et légendes germaniques, Wagner compose autour de *L'Or du Rhin* – de 1852 à 1876, date de sa création intégrale – l'immense cycle *L'Anneau du Nibelung*.

En 1918, Béla Bartók ouvre toutes grandes les portes du *Château de Barbe-Bleue* et Prokofiev s'empare du thème des *Trois Oranges* en 1921. Encore plus près de nous, en 1990, Pierrette Fleutiaux (livret) et Monic Cecconni (musique) concoctent *La Femme de l'ogre,* « une histoire d'amour archétypale, exaltée par la présence bruissante, vivante de la forêt », entre le Petit Poucet, qui, depuis le temps, est devenu un jeune homme, et la femme de l'ogre.

Mais l'opéra et le ballet ont cessé d'être populaires. Leur production très onéreuse les réserve souvent à une petite minorité. Ils sont devenus, au dire de certains, des éléments de prestige culturel bien vivants qui tentent moins de distraire que de traduire la complexité de notre époque.

Les contes sur écran

L'art populaire de notre époque est sans conteste le cinématographe, comme on disait à l'époque de sa naissance. Et il ne pouvait pas ignorer les contes qui, comme lui, faisaient appel à l'imagination et à la réalité, mais à une réalité reconstruite. « Pour être crédible, un film ne doit pas être réaliste, car il ne nous montrerait qu'une image du réel. Il faut que le public puisse y croire, donc qu'il y ait la reconstitution la plus exacte possible (cadre, intrigue, psychologie) d'un univers qui ne soit pas copie du monde existant, mais terrain de rencontre entre l'imaginaire et le réel : ce qu'on peut appeler un lieu poétique[7]. » Sans faire un catalogue exhaustif de tous les contes de fées portés à l'écran, nous pouvons, avec les films les plus marquants, étudier la manière dont ce tout nouvel art a traité cet art millénaire des contes.

Méliès, le premier grand réalisateur, comprend tout de suite qu'il y aura deux sortes de cinéma : le documentaire et le film que nous appelons de fiction. Et que, pour rendre ce dernier crédible, il faut reconstituer le réel. On lui doit l'invention de tous les trucages qui permettent à l'irréalité d'être réelle.

Mais, dans son immense production – on compte plusieurs centaines d'œuvres –, les contes de fées mis en images sont rares : *Le Petit Chaperon rouge* (1901), *Le Royaume des fées* (1903), *La Fée Carabosse* ou *Le Poignard infernal* (1906), *La Fée Libellule* (1908), *Cendrillon* ou *La Pantoufle mystérieuse* (1912). En 1907-1908, les studios Pathé portent à l'écran de nombreux contes de fées mais déjà les spectateurs montrent une préférence – qui ne s'est jamais démentie depuis – pour le film fantastique, le film qui fait peur.

Le seul conte de fées adapté par le cinéma qui soit une véritable réussite et soit considéré encore maintenant comme un morceau d'anthologie est *La Belle et la Bête,* de Jean Cocteau.

Ce dernier a su retrouver le mécanisme du conte et le rendre visuellement : « Je veux du vrai irréel qui permette à tous de rêver ensemble un même rêve. Ce n'est pas le rêve du sommeil. C'est le rêve debout du réalisme irréel, le plus vrai que le vrai », écrivait-il dans son *Journal,* précisant, dans une lettre à un ami : « L'irréel possède des lois encore plus rigoureuses que le réalisme, car le réalisme est aidé par l'habitude et l'irréel exige, par son caractère insolite, une extrême précision dans le moindre détail[8]. »

La Belle et la Bête, tourné en 1945, offre un univers féerique « dépourvu des trames, des gazes, des voiles et du flou que les naïfs s'imaginent être le signe distinctif de la féerie », selon les termes du critique René Gilson. Ce sont des détails réels mais reformatés par le rêve qui le construisent :

7. Gérard Lenne, *Le Cinéma fantastique et ses mythologies, 1895-1970*, Veyrier, 1985.
8. Jean Cocteau, *Entretiens sur le cinématographe,* receueilli par André Fraigneau, 1973, Belfond, 1988.

un clair-obscur, des bras qui tiennent des candélabres, des cariatides vivantes qui soutiennent la cheminée, des chiens de pierre et surtout le masque de la Bête, véritable seconde peau derrière laquelle on reconnaît l'acteur, soumis, patient, meurtri. En contrepoint du domaine sombre et secret de la Bête, la lumière, la truculence des sœurs de la Belle, les draps qui sèchent au soleil, et Belle, tout simplement belle, bonne, aimante et finalement heureuse et amoureuse.

C'est parce qu'il a profité des facilités offertes par la technique que le film de Jacques Demy, *Peau d'Âne* (1970), n'est qu'un beau et plaisant divertissement. Un décor trop réel, des costumes trop somptueux étouffent la magie du conte, malgré des emprunts faits à Cocteau, malgré les dialogues chantés.

C'est une mise en images soignée, ce n'est pas une recréation comme l'a été *La Belle et la Bête*. *Le Petit Poucet*, de Michel Boisrond, tourné en 1972, présente les mêmes défauts et les aggrave, n'ayant, selon les critiques de l'époque, « que le clinquant de ces cartes postales qui scintillent d'une fausse poésie ». Ce sont en quelque sorte des « dessins animés » qui rejoignent ainsi les grandes productions de Walt Disney.

Car le cinématographe n'a pas voulu laisser de côté la clientèle enfantine. Puisque les contes de fées, bien édulcorés, constituaient toute bibliothèque enfantine, autant les mettre en images et en musique, « les reformater aux normes du spectacle familial et des valeurs familiales », selon les termes d'Alain Carou[9], et attirer ainsi une nouvelle clientèle.

En 1937, les studios Walt-Disney produisaient le premier dessin animé long métrage en couleurs, *Blanche-Neige et les sept nains*.

Dans un univers à leur hauteur, la maison des nains, le film joue à fond sur le féerique tel que les enfants peuvent l'imaginer : la forêt, cette inconnue, fait peur mais elle sait également se faire rassurante ; les animaux sont familiers, amicaux, ils parlent, consolent telles des peluches vivantes.

Les oiseaux chantent, les nains ne sont finalement que des petits personnages – poupées ou soldats de plomb – que l'on manipule à sa guise, la marâtre est punie, tout comme on aimerait punir papa ou maman lorsqu'ils sont

9. « Il était une fois les contes de fées », *op. cit.*

vraiment trop méchants, et tout tourne autour de l'enfant-roi, princesse en l'occurrence, qui est le grand gagnant de cet affrontement avec les adultes. Le tout est joli, frais, la musique lénifiante, les airs faciles à retenir...

Ce premier grand dessin animé a connu et connaît toujours un très grand succès auprès du jeune public et des parents. Walt Disney exploite ensuite le thème des contes avec plus ou moins de bonheur : *Cendrillon* en 1950, *La Belle au bois dormant* en 1959, *Les Trois Petits Cochons*, *La Petite Sirène*, *Aladin*.

La mise en images du conte pose le même problème et ouvre le même débat que la mise en images de toute œuvre littéraire : entre celui qui crée une histoire et celui qui la reçoit s'interpose un troisième personnage qui impose sa propre vision, son propre imaginaire. Celui qui reçoit est mis en position de voyeur. Dans tous les cas, il y a matière à débat et ce débat se pose avec encore plus de force dans le cas du conte qui doit être dit et entraîner avec lui l'imaginaire des auditeurs.

Les contes sur le divan...

Comment des mots si simples, des situations si courantes et souvent si douloureuses peuvent-ils parler aux auditeurs ? Depuis longtemps, en fait depuis les frères Grimm, on a cherché à trouver le secret de la fascination que l'univers des contes merveilleux exerce.

On les a étudiés, scrutés, décortiqués, comparés les uns aux autres, classés scientifiquement. Il n'a pas été trouvé une explication mais plusieurs.

Alors les psychanalystes sont arrivés et tous les espoirs ont été permis. Ces femmes et ces hommes dont le métier consiste à écouter et à interpréter ce qui est dit – et le conte, répétons-le, relève de la tradition orale : il est fait pour être écouté, non pour être lu – semblaient tout désignés pour déchiffrer ce secret.

... des freudiens

Freud n'a pas consacré aux contes de travaux spécifiques comme il l'a fait par exemple pour les textes littéraires. Il ne les a pas négligés non plus, conscient de l'importance de ce qu'il appelle l'« héritage archaïque » conservé dans les contes et légendes des différents peuples et qui fait souvent irruption lors du travail analytique.

Ainsi Serge Pankejeff, plus connu sous le nom de l'Homme aux loups, se souvient-il, au cours de son travail avec Freud, de la terreur que provoquait en lui dans sa petite enfance, le loup des contes *Le Loup et les sept chevreaux* et du *Petit Chaperon rouge*, ce que Freud interprète comme étant lié à une peur primitive peut-être à l'origine de sa névrose.

Il se sert également des contes pour étayer ses démonstrations. Intrigué par le thème du choix entre trois partenaires que Skakespeare utilise de façon radicalement opposée dans *Le Marchand de Venise* et dans *Le Roi Lear*, il fait référence à *Cendrillon*, aux contes de Grimm *Les Douze Frères* et *Les Six Cygnes* pour démontrer que la troisième fille des contes représente toujours la troisième Parque fileuse, c'est-à-dire la Mort, et que l'homme, ne pouvant pas choisir la mort, a construit un mythe « dans lequel la déesse de la Mort est remplacée par la déesse de l'Amour ou par des figurations humaines qui lui ressemblent[10] ».

Mais ses théories sur le psychisme, son travail sur les rêves, sur les symboles, sur les fantasmes, ouvrent à ses disciples – Otto Rank, Geza Roheim en particulier – et à leurs successeurs de multiples voies de recherche en même temps qu'elles leur fournissent des outils de travail. En effet, une lecture purement psychanalytique des contes permet de comprendre comment ces histoires peuvent parler individuellement à chacun des auditeurs, à chacun de nous.

Tout en prenant garde à ne pas surestimer l'importance des symboles – comme le recommande Freud dans *L'Interprétation des rêves* –, on sait cependant que le Roi et la Reine représentent toujours nos parents, que nous sommes toujours le Prince ou la Princesse des contes, que tout objet allongé, toute arme symbolisent le sexe masculin et que tout contenant (boîte, coffret, caverne, vase) exprime le sexe féminin.

Tout conte parle donc à chacun d'entre nous de notre moi le plus intime, même si nous n'en sommes pas

10. Freud, « Le thème des trois coffrets », *Essai de psychanalyse appliquée,* Gallimard, coll. « Idées », 1976.

conscients, et permet à celui ou à celle qui le reçoit de s'interroger sur sa propre histoire, sur son propre fonctionnement, sur le désir qui le (la) meut et de reconnaître les fantasmes qu'il ou elle nourrit.

... des jungiens

Jung attache à la sexualité beaucoup moins d'importance que Freud.

En revanche, il considère que ce que Freud nomme l'héritage archaïque a beaucoup plus d'importance que ce dernier ne lui en accordait : « Au-delà [de l'inconscient personnel] nous rencontrons aussi dans l'inconscient des propriétés qui n'ont pas été acquises individuellement ; elles ont été héritées, ainsi des instincts, ainsi des impulsions pour exécuter des actions commandées par une nécessité, non par une motivation consciente [...]

« Ensemble ils constituent l'inconscient collectif. Je l'appelle collectif parce que, au contraire de l'inconscient personnel, il n'est pas le fait de contenus individuels plus ou moins uniques, ne se reproduisant pas, mais de contenus universels et qui apparaissent régulièrement[11]. »

Font partie également de l'inconscient collectif des « thèmes bien définis qui reparaissent partout et toujours, dans les mythes et les contes, les fantaisies, les rêves, les idées délirantes et les illusions des individus qui vivent aujourd'hui » et qu'il nomme archétypes.

Donc, en conclut Jung, le psychisme comprend trois niveaux : la conscience, l'inconscient personnel et l'inconscient collectif. Et c'est l'intégration harmonieuse de ces trois niveaux qui permet l'épanouissement d'un individu, c'est-à-dire la réalisation de son Soi.

Tout au long d'une œuvre où il brasse les mythes et les contes de tous les continents, Jung montre comment cette aspiration à la réalisation du Soi est représentée par un enfant divin, par un œuf, par un trésor ou un bijou.

Mais il revenait à ses élèves de travailler sur les contes les plus connus du public européen et, parmi eux, Marie-Louise von Franz, dont *L'Interprétation des contes de fées* est devenu un classique.

11. Jung, *L'Énergétique psychique*, Georg, 1983.

À partir du conte de Grimm *Les Trois Plumes*, elle montre comment l'étude de la structure du conte, puis des symboles qui y apparaissent, permet de traduire le conte de manière à ce que chacun puisse trouver une marche à suivre pour unir sa *persona* et son ombre (disons, pour simplifier, ses bons et ses mauvais côtés), trouver dans un héros le modèle à imiter, intégrer son *anima*, c'est-à-dire sa part de féminité, etc.

Dans le premier cas, des contes comme *Fernand-Loyal* et *Fernand-Déloyal*, *Les Deux Compagnons* ou *Cendrillon*, qui opposent la bonté et la méchanceté, permettent de prendre conscience de nos forces et de nos faiblesses.

Neigeblanche et Roserouge, *La Belle au bois dormant*, *La Jeune Fille sans mains*, par exemple, peuvent aider à comprendre la féminité. Et tout un chacun peut s'identifier au troisième frère, Pleniais, celui en qui personne ne croyait mais qui réussit. « Chaque conte, conclut Marie-Louise von Franz, essaie de communiquer aussi bien qu'il le peut un mystère vécu par un être humain. »

... et sur celui de Bruno Bettelheim

Bien qu'il soit freudien, il convient de faire une place à part à Bruno Bettelheim. Travaillant au plus près des enfants, il a tout simplement voulu « aider les parents et les éducateurs à mieux comprendre les mérites uniques des contes et à les inciter à leur rendre la place qu'ils ont tenue pendant des siècles et des siècles dans la vie des enfants », écrit-il en introduction de son ouvrage *Psychanalyse des contes de fées*.

Écrit pour des praticiens et non pour des théoriciens, cet ouvrage a connu un succès foudroyant et s'est retrouvé rapidement dans toutes les bibliothèques familiales, remettant ainsi à l'honneur les contes de fées.

Bruno Bettelheim n'apporte rien de révolutionnaire dans la compréhension des contes de fées et il rejoint Marie-Louise von Franz lorsqu'il écrit que si, grâce aux contes de fées, « le matériel inconscient peut à un certain degré accéder au conscient et se livrer à l'imagination, son potentiel de nocivité pour nous-mêmes et pour les autres est alors très réduit ; une partie de sa force peut être mise au service d'objectifs positifs ». Il met en lumière leur valeur éducative et formative pour tous les enfants, quel que soit leur âge, car ils retrouvent leurs espoirs, leurs angoisses et se sentent rassurés et compris.

Il insiste également sur la nécessité de présenter aux enfants les contes dans leur intégralité, sans esquiver les situations jugées amorales ou effrayantes par les adultes, car en mettant « les enfants en présence de toutes les difficultés fondamentales de l'homme [...] les contes de fées les aident à régler les problèmes psychologiques de la croissance et à intégrer leur personnalité ».

Si chaque conte a de multiples significations, il est cependant possible de dégager de chacun d'eux une situation bien précise à laquelle à un moment ou à un autre l'enfant sera confronté.

C'est ce qu'a fait Bruno Bettelheim dans *Psychanalyse des contes de fées*. Une dizaine des trente chapitres du livre sont consacrés à un conte particulier qui est analysé en profondeur afin de faire ressortir le thème qui y est développé.

Les Deux Frères – Intégrer nos contradictions.

Les Trois Langages – Réaliser l'intégration.

Les Trois Plumes, Simplet, le cadet de la famille – Devenir autonome.

La Gardeuse d'oies, Jeannot et Margot – Sortir de l'oralité.

Jack et la perche à haricots – Les difficultés pubertaires de l'enfant de sexe masculin.

Blanche-Neige – Les difficultés pubertaires de l'enfant de sexe féminin.

Boucles d'Or et les trois ours – À la recherche de son identité.

La Belle au bois dormant – Maîtriser l'adolescence.

Cendrillon – La rivalité fraternelle.

Bruno Bettelheim a su faire reconnaître au grand public cette fonction d'éducation à la vie que remplit le conte. « En créant une résonance avec notre histoire personnelle, voilà une parole venue du fond des temps qui va ouvrir une compréhension nouvelle d'une partie de nous-mêmes, en la nourrissant ou la réconciliant, la guérissant parfois », qui va permettre de parler de soi, de se confronter avec nos sentiments, résume le psychosociologue Jacques Salomé[12].

12. « Entretien avec Jacques Salomé », *Dire*, n° 24, 1995.

Le conte tel qu'en lui-même

Comme la musique, les contes doivent être écoutés et entendus. Et pour cela, comme la musique à nouveau, la présence d'un « passeur » est nécessaire. L'instrumentiste fait entendre ce que le compositeur a écrit et chacun reçoit ces sons à sa manière.

On aime ou on n'aime pas, on se crispe ou on se détend, on rêve. Le « passeur » des contes est le conteur. Pas de décor ni d'accessoires : le conteur n'est pas un acteur. Pas de lecture non plus.

Le conteur n'est pas un lecteur. Le conteur se sert de sa voix, de son corps, de son cœur. Car il ne peut pas conter tout et n'importe quoi. Pour faire « passer » son conte, il doit lui-même être pris par le conte, habité par le conte, voir les images que lui suggère le conte, afin qu'il puisse ensuite le raconter avec ses mots et surtout avec ses émotions. Il ne peut pas non plus conter à des publics différents. Il a son public.

Et pour arriver à faire ainsi corps avec le conte, le conteur doit en connaître le plus de versions possibles afin de trouver les éléments qui vont lui permettre de le personnaliser et de se l'approprier.

Car, s'il est impossible de toucher à la structure de l'histoire, chacun est libre de l'« accommoder » à sa façon (il y a au moins mille versions de *Cendrillon*). Elle n'en résonnera que mieux. Il faut que le conteur puisse se sentir en adéquation avec son public car on ne conte pas de la même façon pour des petits enfants, des adolescents ou des adultes.

À l'écoute du conte, il faut pouvoir rêver, s'identifier, laisser agir cette magie des mots qui permet de franchir la frontière entre le réel et le merveilleux.

Nul mieux que Michel Hindenoch a su le dire : « *Mirabilia*... Le mot même de "merveilleux" a dans son histoire un rapport avec l'admirable. Lorsque l'admiration est grande au point qu'elle dépasse la mesure que nous lui accordons aujourd'hui, elle conduit bien à l'émerveillement qui est son stade ultime.

« Le merveilleux, ce serait l'admirable associé au bonheur. Un admirable qui nous invite et nous élève avec lui. Notre consentement s'étonne et s'extasie. Il y a ce bourdonnement, cet éblouissement, cette légèreté solaire : le merveilleux est d'or...

« Qu'est-ce qui est dit ? Tout ce qui ne peut se dire, tout ce qui ne doit pas se dire, sous peine d'être exilé dans la prison de la conscience. Tout ce que nous ne savons pas encore. Tout ce que nous avions oublié. Tout ce que nous ignorons et que pourtant nous portons en nous, sans toujours le savoir[13]. »

Qu'est-ce que l'univers féerique ? C'est un monde où tout est possible, où tous les vœux peuvent se réaliser dans la mesure où l'on reste fidèle à ses rêves et où l'on croit à ses chances. Il n'y a pas un univers féerique, il y en a des millions, il y en a un par habitant de cette planète. Et chaque fois que la raison l'emporte, chaque fois que l'on pense que ce que raconte le conte est utopique, que cela relève du conte de fées, alors une portion de l'univers féerique s'effrite. Heureusement, les conteurs sont là, de plus en plus nombreux.

Modernes ménestrels, ils content partout, dans les crèches, les écoles, les maisons de retraite, les hôpitaux, ils organisent des nuits du conte, des festivals du conte. Ils collectent des contes quand c'est possible, ils les recherchent dans de vieux grimoires, ils échangent avec leurs collègues étrangers. Tel Henri Gougaud qui inlassablement cherche et publier les plus beaux contes de tous les continents. Ils en inventent aussi et, parce qu'ils les aiment, ils les parodient avec humour et tendresse.

À Marcel Aymé nous devons les *Contes du chat perché*, à Robert Escarpit, *Les Contes de la Saint-Glinglin*, à Italo Calvino, *Le Baron perché*, *Le corbeau vient le dernier*, *Le Chevalier inexistant*, etc.

Pour les plus petits, Jean Claverie actualise *Le Petit Chaperon rouge* : « Il était une fois une grande ville qui en grandissant toujours plus avait fait disparaître une forêt. Là où avaient prospéré des arbres immenses s'étendait à perte de vue un cimetière de vieilles voitures sans roues ni glaces, de carcasses de camions et d'autocars à jamais immobiles. »

Près de cette forêt-cimetière de voitures œuvre l'arrière-arrière-petite-fille d'un bûcheron, Gina, la reine des pizzas au feu de bois. Gina a une petite fille toujours vêtue de son anorak rouge : « C'est pour cela qu'on l'appelait Petit Chaperon rouge en souvenir d'une vieille histoire presque oubliée. »

13. Michel Hindenoch, *Conter, un art ?*

Grégoire Solotareff s'intéresse à Barbe-Rose, le frère cadet de Barbe-Bleue. Comme tous les cadets, il est ingénieux, inventif, courageux, adroit. Il parvient à se prouver un double de la clé d'or de la chambre où Barbe-Bleue a entreposé les cadavres de ses femmes et d'Anne Masseuranne.

Il ressucite et recoud les cadavres de la sixième femme, de la septième femme, d'Anne Masseuranne, gagne avec elles l'Arabie sur un cheval magique, les épouse toutes les trois, a vingt-sept enfants « et ils furent tous très heureux ».

Alain Briou suit les tribulations de *Groink au pays des contes*. Groink est un adorable cochon rose qui s'ennuie dans la ferme où il habite. Un jour qu'il rêvasse au bord d'une route, il voit un miroir et « Zouiff !! » il se retrouve au pays des contes. Il y croise le Prince charmant sur son cheval blanc qui va réveiller la Belle, la sorcière de la maisonnette en pain d'épice ; par la fenêtre d'une maison, il voit un loup déguisé en grand-mère et tous lui crient méchamment : « Tu n'as rien à faire ici ; tu es dans mon histoire. Alors va-t'en ! »

Chirrichti ! Mirrichti ! Mon petit conte est fini.

Pour en savoir plus, il faut suivre les conteurs. Mais ils courent, ils courent comme le conte… les pieds sur terre, la tête dans le bleu du ciel.

Encore un mot...

... Sur la richesse des contes. Elle tient à ce qu'ils offrent une « lecture » éclatée. Derrière des mots très simples, des situations de la vie quotidienne, chacun peut mettre son ressenti, reconnaître ses fantasmes, ses désirs, c'est-à-dire « partager la vie animale, s'affranchir de la pesanteur, se rendre invisible, changer sa taille, transformer l'univers à sa volonté[1]... ».

Si, pour entraîner l'adhésion de l'auditeur, le conte « doit nécessairement s'enraciner dans les mille détails, comportements et pensées de la vie quotidienne », on constate que pour nombre d'entre nous l'univers des contes de fées est multiple.

C'est l'univers que présentent les magazines *people*, l'univers des stars en tout genre, univers où sont donnés à voir les fantasmes de notre époque, nos désirs les plus exacerbés : vacances dans des îles heureuses, demeures de rêve, yachts privés, fêtes perpétuelles entre Paris, New York et Venise, vie d'où tout effort semble banni ou évoqué comme une péripétie lointaine au dénouement forcément heureux.

Et l'univers féerique, c'est également un univers feutré, protecteur, celui d'un passé dont on a la nostalgie, celui de notre enfance, de celle de nos parents, de nos grands-parents, de nos arrière-grands-parents, comme le dit joliment Perrault : « Le Prince aida la Princesse à se lever ; elle était tout habillée et fort magnifiquement ; mais il se garda bien de lui dire qu'elle était habillée comme sa mère-grand, et qu'elle avait un collet monté[2]. »

C'est enfin un univers que les conteurs s'efforcent d'élargir en offrant à notre imagination les contes d'autres peuples, d'autres pays, d'autres cultures.

Leurs répertoires comportent aussi bien les grands contes classiques que nous avons évoqués que des contes

1. Jacqueline Held, *L'Imaginaire au pouvoir.*
2. Perrault, *La Belle au bois dormant.*

yiddish, sibériens, africains ou zen, des contes inspirés par notre quotidien, des contes détournés. Mais, au fond, ils content toujours la même histoire, celle des démêlés que les hommes et les femmes ont avec la vie, nous dit la conteuse Muriel Bloch.

Et d'autres conteurs nous disent aussi...

Paroles de conteurs

Monique Mercader :

« Conter, c'est oser livrer son patrimoine intérieur, tout ce que l'on a emmagasiné de mots, de bruits, de paysages, d'émotions. C'est, à travers une histoire, accepter d'être sincère, de laisser filtrer ses rires, ses pleurs, ses amours, ses peurs, mais discrètement, en filigrane, car l'important, c'est le conte. »

Gérard Caria :

« C'est grâce au conte que j'ai approché les Celtes et l'Amérique latine, pénétré dans L'Odyssée, mondes qui me seraient restés fermés sans doute, hermétiquement fermés, incompris. »

Alice Mendelson :

« Laisser monter, aller chercher, ressusciter pour les disparus, ce que je croyais disparu en moi, d'anciens trésors de sensations, de visions, de questions même douloureuses, voilà ce que les contes les plus mystérieusement proches – que ce soit de Bretagne, de Géorgie ou du Japon – voilà ce que, par-dessus tous, les textes de Singer m'offrent noir d'encre sur papier blanc de silence et de joie. »

Jeanne Charlionet :

« Ne pas subir la société dans laquelle nous vivons, démontrer que l'on peut vivre autrement que dans la loi de l'argent où l'être humain ne compte pas ; apprendre aux enfants que la vie est belle malgré les épreuves, tel est le sens de ma vie depuis longtemps

et j'ai découvert avec passion que par le biais des contes les mots pouvaient combattre les maux. »

Odile Martine :

« La nécessité du conte comme antidote devant la prolifération des écrans de toutes sortes. Opposer au solitaire face-à-face enfant/machine une présence vivante, porteuse de parole, de parole apaisante, incitant à la concentration. »

Agnès Feutry :

« Par une sorte d'alchimie, on arrive à se dire en écoutant un conte : "Je suis ainsi, mais j'aurais pu devenir quelqu'un d'autre ; comment suis-je arrivé-là ?" »

Sources

Andersen Hans Christian, *Contes*, édition de Régis Boyer, Gallimard, coll. « Folio », n° 2599

Aubailly Jean-Claude, *La Fée et le Chevalier. Essai de mythanalyse de quelques lais féeriques des* XIIe *et* XIIIe *siècles*, Honoré Champion,1986

Aulnoy Mme d', *Le Cabinet des fées*, préfacé et édité par Élisabeth Lemirre, Picquier Poche, 1994, 1997

Barry Joseph, *Versailles*, Le Seuil, 1987 pour la trad. française

Basile, *Le Conte des contes*, trad. du napolitain par Myriam Tanant, L'Alphée, 1986

Bernard Véronique et Delassus Sylvie, *Fées et Princes charmants*, NiL, 1995

Berthelot Anne, *Arthur et la Table ronde. La force d'une légende*, Gallimard, coll. « Découvertes », 1996

Bettelheim Bruno, *Psychanalyse des contes de fées*, trad. de Théo Carlier, Robert Laffont, 1976

Brasey Edouard, *Fées et Elfes. L'univers féerique*, Pygmalion/Gérard Watelet, 1999

Briou Alain, *Groink au pays des contes*, Kaléidoscope, 1998

Castoriadis Cornelius, *L'Institution imaginaire de la société*, Le Seuil, 1975

Cévin Evelyne, « Les Avatars de Blanche-Neige », *Bulletin d'analyses de livres pour enfants*, n° 51

Chevalier Jean, *Dictionnaire des symboles*, Laffont, coll. « Bouquins », 2e éd. 1982

Claverie Jean, *Le Petit Chaperon rouge*, Albin Michel, coll. « Jeunesse », 1994

Franz Marie-Louise von, *L'Interprétation des contes de fées*, trad. de Francine Saint René, Albin Michel, 1995 pour l'édition au format de poche

Grimm, *Contes*, préface de Marthe Robert, Gallimard, coll. « Folio », n° 840 ; *Les Contes merveilleux*, Le Livre de Poche, n° 426 ; *Nouveaux Contes*, Gallimard coll. « Folio », n° 2901

Held Jacqueline, *L'Imaginaire au pouvoir*, Éditions ouvrières, coll. « Enfance heureuse », 1977

Hindenoch Michel, *Conter, un art ?*, La Loupiote, 1997

Histoire de la France rurale ; *Histoire de la France urbaine* ; *Histoire de la France religieuse* ; *Histoire de la vie privée*, Le Seuil, coll. « L'Univers historique », 1975 – 1987

La Bruyère Jean de, *Les Caractères*, chapitre « de l'homme », Imprimerie nationale coll. « Salamandre », 1998

La Salle Bruno de, *Le Conteur amoureux*, Casterman, 1995

Lecouteux Claude, *Fées, sorcières et loups-garous au Moyen Âge*, Imago, 2001 ; *Mélusine et le chevalier au cygne*, Imago, 1997

Loiseau, Sylvie, *Les Pouvoirs des contes*, PUF, 1992

Markale Jean, *Contes populaires de toute la France*, tome 1, Stock, 1980. « Le conte populaire », *Question de*, n° 57 (mai-juin 1984). *Le Roi Arthur et la société celtique*, Payot, 1976

Pennart Geoffroy de, *Le loup est revenu*, Kaléidoscope, 1994. *Le Loup sentimental*, Kaléidoscope, 1998

Perrault Charles, *Contes*, édition de Catherine Magnien, Le Livre de Poche n° 6767

Pommaux Yvan, *Libérez Lili*. École des loisirs, 1999

Propp Vladimir, *Morphologie du conte*, Le Seuil, coll. « Points », 1965. *Les Racines historiques du conte merveilleux*, Gallimard, 1983 pour la trad. française

Schnitzer Luda, *Ce que disent les contes*, Éd. du Sorbier, 1995

Simonsen Michèle, *Le Conte populaire*, PUF, 1984. *Le Conte populaire français*, PUF, coll. « Que sais-je ? », n° 1901, 3e édition, 1994

Solotareff Grégoire et Nadja, *Barbe-Rose*, École des loisirs, 1990 ;

Straparole, *Les Nuits facétieuses*, trad. de Joël Gayraud, José Corti, 1999

Revues et catalogues

Europe, revue littéraire mensuelle, « Charles Perrault », n° 739-740, novembre-décembre 1990 ; « Les frères Grimm », n° 787-788, novembre-décembre 1994

Il était une fois les contes de fées, catalogue de l'exposition de la Bibliothèque Nationale (20 mars – 18 juin 2001)

La Grande Oreille, atelier de littérature orale, nos 10 et 11

La Revue du conteur, « Pourquoi racontez-vous ? », n° 4, octobre 1994

Le Renouveau du conte, actes du colloque international, Paris, Musée des Arts et Traditions populaires, février 1989, éditions du CNRS, 1991

Lieux du conte

Avec quatre cents conteurs regroupés dans plus de trois cents associations, cent quatre-vingt-dix lieux de manifestations proposant plus de mille cinq cents spectacles, le conte se porte bien en France depuis une vingtaine d'années.
Et il existe un lieu irremplaçable pour tout renseignement : le Centre national du livre pour enfant, La joie par les livres, 8, rue Saint-Bon, 75004 Paris.

QUELQUES LIEUX DE CONTES

L'Âge d'or de France, 35, rue de Trévise, 75009 Paris

Clio, Centre de littérature orale, quartier Rochambeau, 41100 Vendôme

Centre des arts du récit en Isère, 36, rue du Docteur Lamaze, 38400 Saint-Martin-d'Hères

La Maison de la parole, 8, rue Cannebière, 75012 Paris

La Maison du conte, 8, rue Albert-Thuret, 94550 Chevilly-Larue

La Malle aux histoires, Maison des associations, 46ter, rue Sainte-Catherine, 45000 Orléans

L'Ogre de Barbarie, 13, rue Claude-Tillier, 75012 Paris

Quelques festivals

Capbreton : Festival du conte

Chevilly-Larue : Fête du conte

Dinan : Paroles d'hiver

Lot-et-Garonne : Soirées contées

Montpellier : Les Arts du récit

Oléron : Festival du conte

Paris : Festival Quartier d'été

Rennes : Mythos, festival des arts de la parole

Saint-Martin-d'Hères : Festival des arts du récit

Vincennes : Cont'aime

Et aussi en Gascogne les festivals de Siros (près de Pau), d'Ibos (près de Tarbes), de Sauboires.

Table des matières